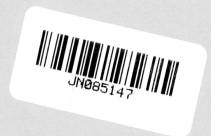

知りたいことがわかる！

消費税インボイスの教科書

公認会計士　税理士
沢田慎次郎　著

ナツメ社

Introduction 01

押さえておきたい インボイス制度改正のポイント

1 納税額が売上税額の2割に軽減！

免税事業者からインボイス発行事業者になった場合の税負担・事務負担を軽減するために、売上税額の2割を納税額とすることができる。

対象者 免税事業者からインボイス発行事業者になった事業者（2年前の課税売上が1000万円以下）

期　限 2023年10月1日〜2026年9月30日を含む課税期間

2 少額取引はインボイス不要になる

1万円未満の課税仕入れ（経費等）について、インボイスの保存がなくても帳簿保存のみで仕入れ税額控除が可能になる。

対象者 ２年前（基準期間）の課税売上が1億円以下または１年前の上半期（個人は１〜６月）の課税売上が５千万円以下の事業者

期　限 2023年10月1日〜2026年9月30日

3 小額な値引きや返金の際のインボイスが不要

1万円未満の値引きや返品等があるとき、返還インボイスを交付する必要がなくなります。

対象者 すべての人

期　限 適用期限なし

4 4月以降の登録申請でも制度開始時からインボイス事業者に

以前のルールでは、制度開始時にインボイス事業者になるためには2023年3月31日までの登録申請が必要でしたが、2023年9月30日までになりました。

5 免税事業者がインボイス事業者に登録すると、持続化補助金が50万円アップ

免税事業者からインボイス発行事業者になった場合、持続化補助金の補助上限額が一律50万円加算されます。

対象者 免税事業者からインボイス発行事業者になった小規模事業者

Introduction 02

自分の立場を知ろう

インボイス制度「登録」判定シート

現在の消費税納税義務は？
課税売上高１０００万円以上ある？

YES → 課税事業者 P23

NO → 免税事業者 P30

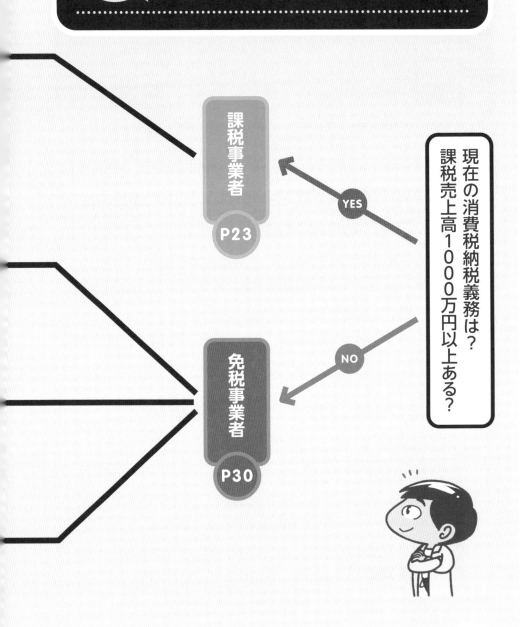

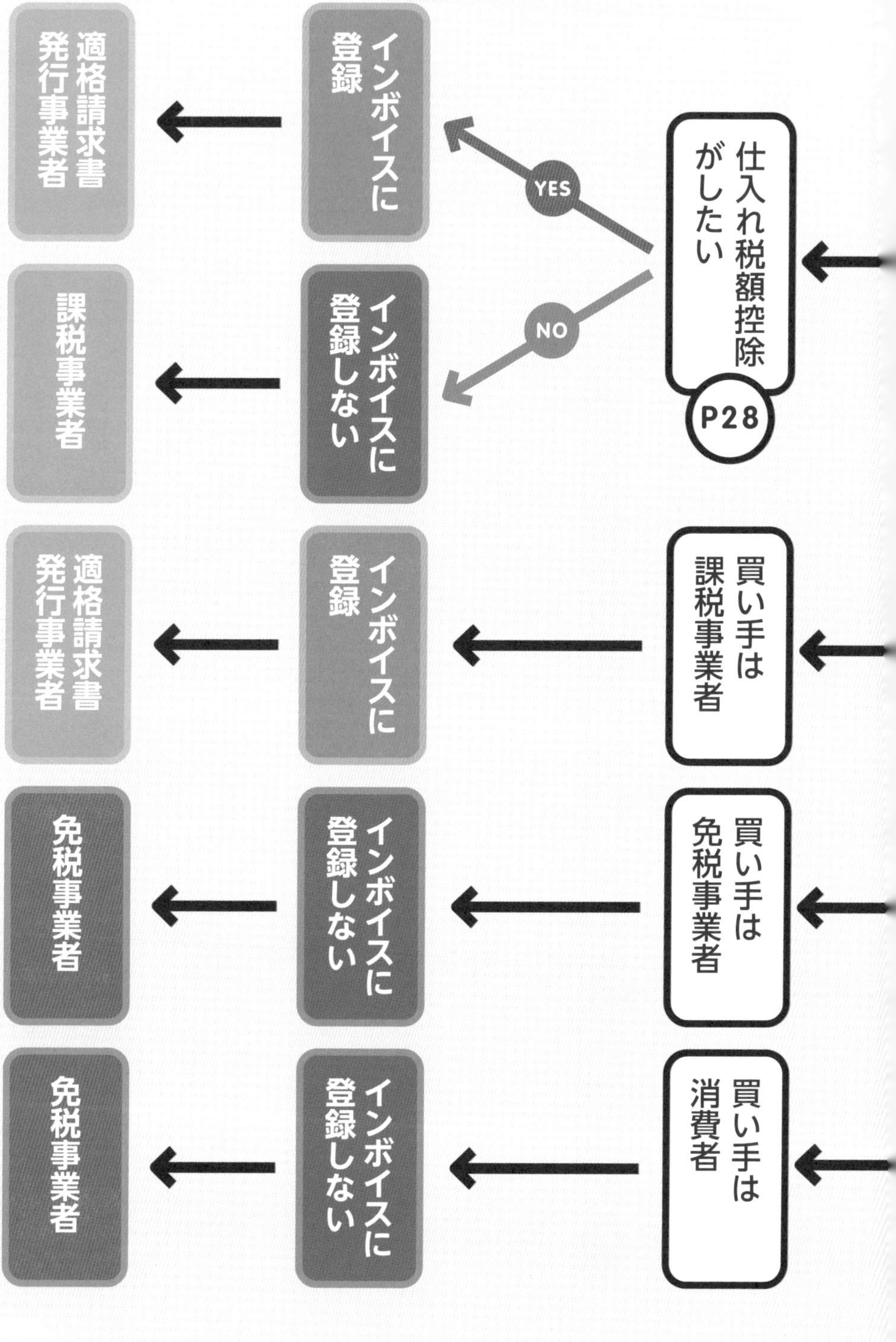
仕入れ税額控除がしたい
P28
YES
NO
インボイスに登録
適格請求書発行事業者
インボイスに登録しない
課税事業者
買い手は課税事業者
インボイスに登録
適格請求書発行事業者
買い手は免税事業者
インボイスに登録しない
免税事業者
買い手は消費者
インボイスに登録しない
免税事業者

Introduction 03

全体の流れを把握 インボイス制度全体スケジュール

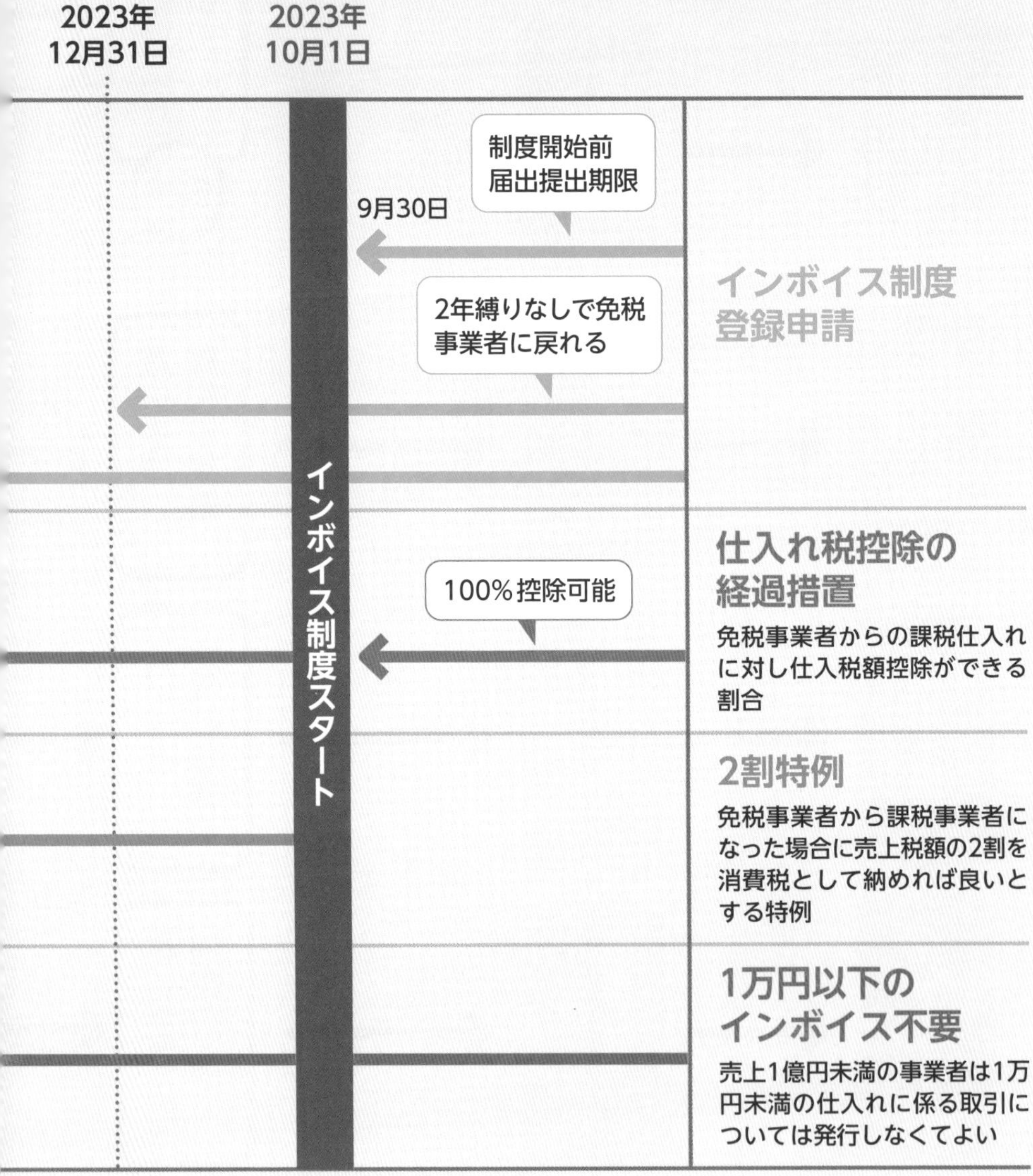

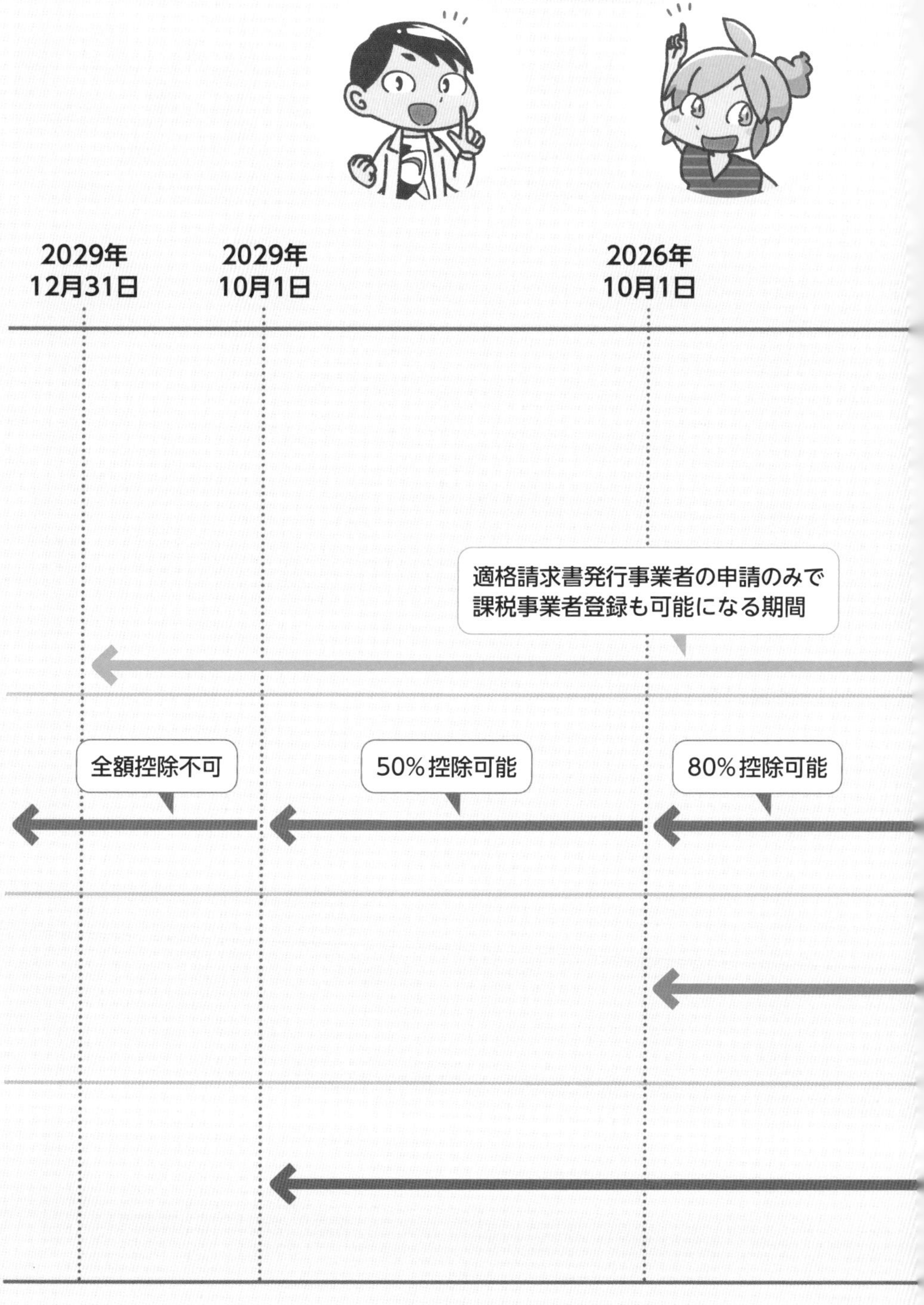
2029年
12月31日
2029年
10月1日
2026年
10月1日
適格請求書発行事業者の申請のみで
課税事業者登録も可能になる期間
全額控除不可
50%控除可能
80%控除可能

Introduction 04

もれなく進めよう

インボイス制度導入のチェックリスト

インボイス制度開始前

- □ 課税事業者になるかどうかを決める
- □ 適格請求書発行事業者の登録
- □ 適格請求書発行/控えの保存方法の決定
- □ 免税事業者との取引の相談
- □ インボイス制度に対応した会計ソフト検討
- □ 登録番号を取引先に知らせる（必要な場合）

インボイス制度開始後

- □ 適格請求書のフォーマットの変更
- □ 適格請求書発行と控えの保存
- □ 会計ソフトの契約
- □ 適格請求書発行と控えの保存
- □ 受け取った適格請求書の保存

はじめに

本書は、インボイス制度開始を目前にして課税事業者になるべきか否かを迷われている免税事業者の方に向けて、インボイス制度への対応について解説しました。

インボイス制度に対応するために登録をしようとすると、課税事業者にならなくてはなりません。課税事業者になると、消費税の納税義務が生じるだけでなく、事務負担も増えてしまいます。

本文中でも解説していますが、これまで消費税の納税が免除になることで収入にできていた分が収入にできなくなってしまうことも、大きな痛手です。ただ、免税事業者がインボイス制度に対応しない場合、これまで取引できていたところからの依頼がなくなってしまうのではないかという不安も付きまといます。要するに免税事業者は「収入減のリスク」と「契約解除のリスク」を天秤にかけ、どちらかの選択を迫られているのです。結局のところ、免税事業者はこのインボイス制度に対しどうすればいいのでしょうか。

その答えは、本書の中にあります。もちろん事業者それぞれで状況が異なりますから、すべての事業者に共通する正解があるわけではありません。しかし、少なくとも自分が今後どう対応すべきかについて何かしらの解を見つけていただける内容になっていると思います。

どことなく登録せざるを得ない空気を感じますが、あくまでインボイス制度への対応は「事業者が自由に決めてよい」のです。ですから、あわてずにしっかりと考えて決めてください。そのためには、まず消費税やインボイス制度についてしっかり理解しておくことが大切です。

本書の特徴は、消費税やインボイス制度についての解説だけでなく、免税事業者の対応についても触れています。インボイス制度は、すべての事業者が知ったほうがよい制度ですが、中には制度変更の影響を受けない事業者がいます。自分がその事業者に該当するかどうかは、本書の3章で確認してみてください。

仮にやはりインボイス制度への対応は免れないと感じる場合は、令和５年の税制改正で新たに加えられた2割特例を選択することで、２０２６年12月末までの期間限定ですが納税負担を抑えることが可能になります。

執筆にあたっては、インボイス制度に対し「何をしていいのかわからない」と迷われている事業者の方にとって、今後を選択するための一助となるよう、本当に必要な情報だけを集約することに重きをおきました。よくわからないインボイス制度への理解と対応方法がわかり、不安解消に繋がる一冊となれば幸いです。

２０２３年５月　沢田 慎次郎

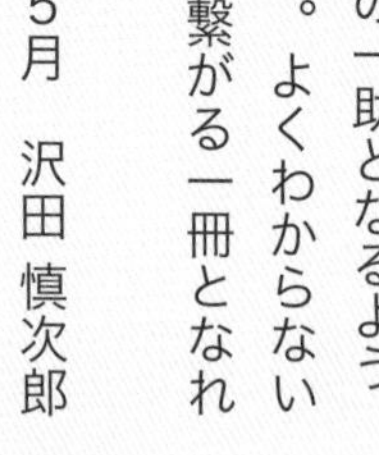

CONTENTS

CHAPTER 02 インボイス制度について理解しよう

CHAPTER 03 免税事業者はどうすればいいの？

CONTENTS

CHAPTER 04 適格請求書発行事業者になる準備をしよう

CHAPTER 05 適格請求書の発行と保管

CONTENTS

CHAPTER 08 電子インボイスの発行と保存のルール

Chapter
1

消費税を理解しよう

インボイス制度
2023年10月1日スタート！
マチ子(28) フリーランスの在宅ライター
姉さん もう届いてますよね？
弊社から質問したインボイスのアンケート
MACHIKO
弟のススム(26) 出版社で経理を担当
インボイスの登録状況がなんちゃら……って紙？
早めに回答してくださいね
免税事業者は何もしないままだと減収になるかもしれませんから
出遅れた！
寝よう！
そ、そもそも
私って免税事業者なの？
ぐりぐり
消費税の確定申告をしてないでしょう？
姉さんはそれを免除されている免税事業者ということです
低所得なら
免除！

なるほど
税と私はご縁なし！
よーくわかった！
寝よう！
そのように税に疎い人もみずから動かざるを得ない
マチ子！
今回ばかりは年貢のオサメどきってやつなのよ
なぜ……？オサメさん
オサメさん
税制に詳しいTシャツザメ
インボイス制度とはずばり消費税のお話なのよ！
動くのよマチ子！
消費税というのは間接税なのですが
その仕組みを理解すると姉さんのピンチも理解できます
怖いしわからん……
寝たい……

間接税のしくみ
ぼくは買う側で姉さんは売る側ですね
出版社
物を「買って」
「仕入れる」
ライター
物を「売って」
「仕入れてもらう」
仕入れの際は請求書で金額を確認
そして
請求書
OK!
①買う側は売る側へ本体価格と消費税を支払い、
¥本体価格
＋
¥消費税
②売る側は消費税のみそのまま国に納める
¥消費税
これが間接税のしくみです
つまり消費税は買う側から国へ支払うもので
売る側はこのお金を預かったに過ぎません
売る側＝間接的に納める人
なるほど

あれ？
でもさっき私はなんちゃら事業者だって…
姉さんは消費税の納税を免除されている免税事業者です
だから
「売る側」なのに出版社から預かった消費税を国に納めていないことになります
そうなのマチ子
ここを見直すのがインボイス制度
「消費税の流れを明確にする」制度なのよ
¥消費税
インボイス制度は消費税の理解からスタート！

Section

01 そもそも消費税って何？

消費税は消費者が負担する税

私たちにとって最も馴染みのある税が「消費税」です。消費税とは、モノやサービスの利用または購入の際にかかる税金のことで、消費者が負担することになっています。ただ、商品を購入するたびに納税するのは現実的ではありません。ですから、消費税の納税者を消費者ではなく事業者とし、商品購入時に消費者から預かった消費税を確定申告時にまとめて納税してもらうしくみになっています。このように税金の負担者と納税者が異なる税金のことを**間接税**と呼んでいます。

左の一覧表にあるように、日本で生活する上では支払わなくてはならない税金がたくさんありますが、その納め方によって**直接税**と間接税とに分類されています。

直接税は、税金の負担者から直接徴収する税金のことで、代表的なものに、所得税や住民税、固定資産税などがあります。一方間接税は、消費税のほか、酒税やたばこ税、関税などがあります。

多く支払った消費税は返してもらえる

事業者は消費者から預かった消費税を納税しますが、事業者は消費税を預かるだけでなく仕入れの際に自分も消費税を支払っています。どういうことかというと、商品を販売するには、製造業者などから商品（または材料）を仕入れなくてはなりません。この仕入れの際に製造業者から請求される金額には、商品代金とは別に消費税が含まれているのです。ということは、単に事業者から預かった消費税を徴収するだけでは、事業者が消費税を払い過ぎることになりかねません。そこで、仕入れの際に支払った消費税額の方が消費者から預かった消費税額よりも多くなった場合は、しかるべき手続きを行えば払い過ぎた消費税を返してもらえることになっています。ただし、この手続きを行うには条件があり、手続きが行えるのは課税事業者のみと決まっています。

消費税の仕組み

消費税は事業者が負担するものではなく、消費者が負担する税金。
事業者は、消費者から預かった消費税を代わりに申告・納税する義務があります。

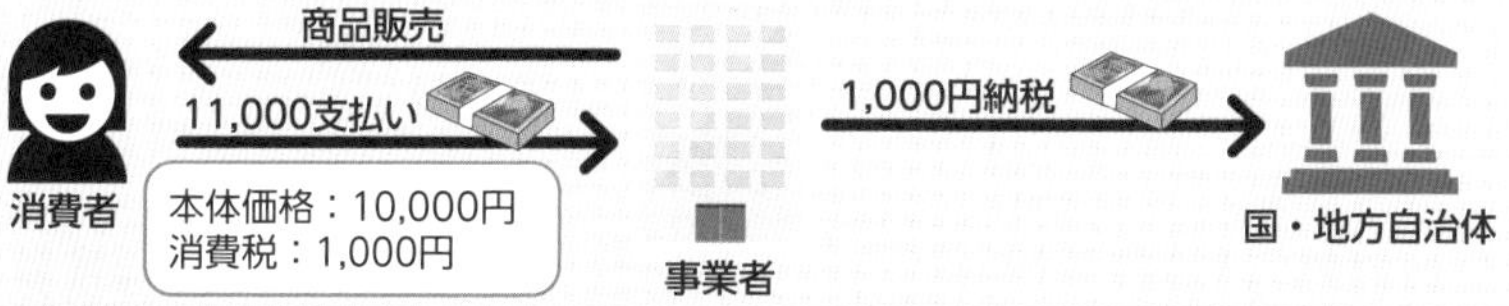

税の種類を知っておこう

区分	種類	国税/地方税		税目	内容
直接税 税金を納める人と負担する人が同じ	直接税の種類（主なもの）（令和4年4月現在）	国税		所得税	個人の1年間の利益（所得）にかかります。
		国税		復興特別所得税	東日本大震災からの復興に必要な財源の確保のため、2013年から2037年までの25年間、所得税額の2.1％を納めます。
		国税		法人税	会社や協同組合などの法人の利益（所得）にかかります。
		国税		相続税	亡くなった人から財産を相続したときなどにかかります。
		国税		贈与税	個人から財産をもらったときにかかります。
		地方税	県税	県民税	個人の住所又は居所、法人の事務所・事業所などがある都道府県に対して納めます。
		地方税	県税	事業税	個人、法人が事業を営んでいる場合、利益（所得）にかかります。
		地方税	県税	自動車税（種別割）	自動車（軽自動車等を除く）を所有しているときにかかります。
		地方税	県税	不動産取得税	土地や建物を取得したときにかかります。
		地方税	市町村税	市町村民税	個人の住所又は居所、法人の事務所・事業所などがある市町村に対して納めます。
		地方税	市町村税	固定資産税	土地や家屋、事業に使う機械などを所有しているときにかかります。
		地方税	市町村税	軽自動車税（種別割）	軽自動車や原動機付自転車などを所有しているときにかかります。
間接税 税金を納める人と負担する人が違う	直接税の種類（主なもの）（令和4年4月現在）	国税		消費税	商品を買ったときや、サービスの提供を受けたときに、地方消費税と合わせてかかります（消費税7.8％+地方消費税2.2％=10％）。
		国税		酒税	洋酒、ビール、ウイスキーなどを製造場から出荷したときにかかります。
		国税		揮発油税	自動車のガソリンなどを製造場から出荷したときにかかります（1ℓ当たり揮発油税48.6円+地方揮発油税5.2円）。
		国税		たばこ税	たばこを製造場から出荷したときにかかります。たばこ税とたばこ特別税があります。
		国税		関税	輸入品を国内に持ち込んだときにかかります。
		国税		印紙税	各種契約書、領収書などのような、経済取引を行ったときに作成される文書にかかります。
		地方税	県税	地方消費税	商品を買ったときや、サービスの提供を受けたときに、消費税と合わせてかかります。
		地方税	県税	県たばこ税	たばこの製造者などが小売販売業者に売り渡したときに、たばこの本数に応じてかかります。
		地方税	県税	ゴルフ場利用税	ゴルフ場を利用したときにかかります。
		地方税	県税	軽油引取税	軽油を元売業者・特約業者から引き取ったときなどに、その数量に応じてかかります。
		地方税	市町村税	市町村たばこ税	たばこの製造者などが小売販売業者に売り渡したときに、たばこの本数に応じてかかります。
		地方税	市町村税	入浴税	温泉（黄泉浴場）に入浴したときにかかります。

用語解説 課税事業者

消費税の納税義務がある事業者のことで、年間の課税売上高が1,000万円超の事業者は自動的に課税事業者になる。課税売上高が1,000万円以下であっても、自分で選択する場合は課税事業者になることもできる。

用語解説 確定申告

所得税の確定申告とは別に、消費税にも確定申告がある。消費税の確定申告は、個人事業主・法人等関係なく課税事業者になると必ず行わなければならない。

まとめ

事業者は納める消費税を計算するために、支払った消費税額と預かった消費税額を記録しておきましょう。

Section

02 消費税のかかる取引とかからない取引

消費税のかかる取引

国内で取引される物やサービスのすべてに消費税がかかると思われがちですが、実はそうではありません。

現在、消費税のかかる課税取引は**国内取引**と**輸入取引**の2つです。国内取引は、国内において事業者が行う資産の譲渡等と定めがあり、納税義務者を事業者としています。一方輸入取引は、外国からの輸入貨物を課税対象と定め、納税義務者を輸入者としています。

ちなみに、国内取引において消費税の課税対象となるかどうかを判断する時は、次の４つを満たしているかどうかがポイントです。①日本国内における取引②事業者が行う取引③譲渡の際に対価を得ている④資産の譲渡・貸付またはサービスの提供を行なっている。

これら4つをすべて満たしている取引は**課税取引**となります。仮にこのうちの1つでも満たしていない場合は、消費税の課税対象にならない**不課税取引**として扱われます。

消費税のかからない取引

課税対象とならない不課税取引には消費者が行った取引や無償の取引のほか、給与や保険金、配当金、寄付、贈与、税金などが該当します。

また、不課税取引と同じく消費税の課税対象外となる取引で、税の性格や社会政策的配慮から課税対象とならない取引もあります。例えば、土地の譲渡や貸付、有価証券の譲渡、郵便切手や印紙の譲渡、医療機関での保険診療、助産、埋葬・火葬料、教科書代、学校の授業料・入学金などがあり、これらは**非課税取引**といわれます。

さらにもう1つ、消費税の課税対象にならないものに**免税取引**があります。消費税は日本国内の取引に対して課税されますので、事業者が海外に輸出するものは消費税の課税対象にはなりません。

課税取引と不課税取引

国内で取引される物・サービスのすべてに消費税が課せられるわけではありません。自分の事業が課税取引に当てはまるかどうかを確認してみましょう。

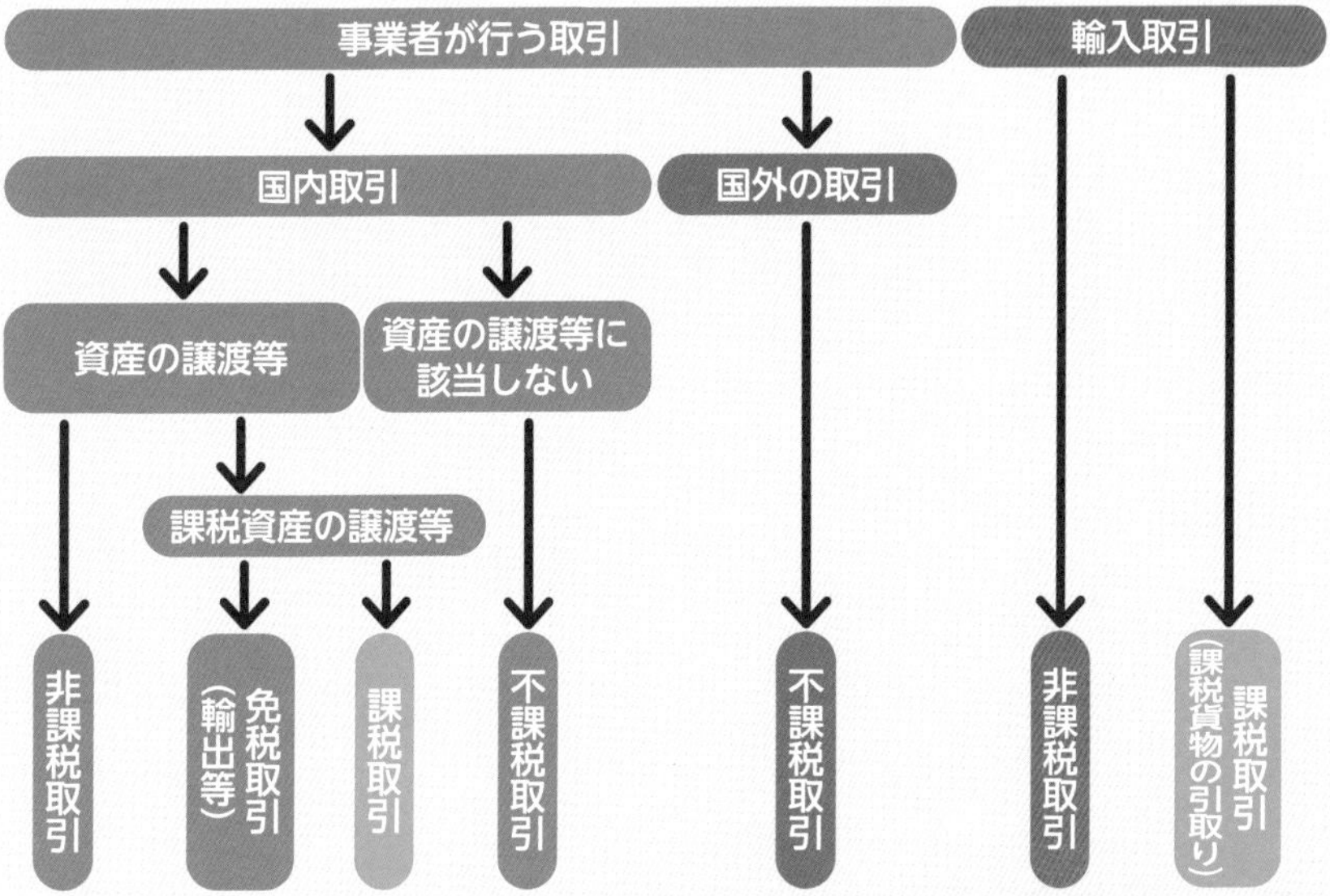

課税取引かどうかを判断するポイント
①日本国内における取引②事業者が行う取引③譲渡の際に対価を得ている取引
④資産の譲渡・貸付またはサービスの提供を行う取引

非課税取引とは
消費税の正確に馴染まないものや政策的配慮が必要なもの
土地の譲渡・貸付、有価証券の譲渡、郵便切手・印紙の譲渡、医療機関の保険診療、助産、埋葬料、火葬料、教科書代、学校での授業料、入学金

不課税取引とは
消費税の課税対象にならないもの。対価性のないものが対象。
給与、賃金、株式の配当金、保険金、共済金、寄付金、見舞金、補助金、事業者でないものが行った取引、対価を得ない無償の取引

用語解説　課税取引
消費税の課税対象となる取引のこと。

まとめ

自分の事業が国内の課税取引もしくは輸入取引に該当しない場合は、消費税は関係ありません。

Section

03 消費税の税率とその内訳

事業者が納付する消費税額を計算する際には、国税と地方税をそれぞれ計算しなくてはなりません。その際に標準税率と軽減税率を区分して計算しなければならないので、複数の税率が存在すると面倒なのです。

消費税は10%じゃなかった?

現在の消費税率は、10%だとよくいわれますが、正しくは**標準税率**（10%）と**軽減税率**（8%）の2つがあります。レストランやカフェなどで飲食した場合、お店からテイクアウトにするかしないかを聞かれたことはないでしょうか。それは、店内で飲食する場合とテイクアウトする場合では預かる消費税が異なるからです。

原則として、商品やサービスに課せられる消費税率は標準税率が適用されますが、飲食料品や定期購読する新聞など、わたしたち消費者の生活に必要なものはなるべく負担を減らすために軽減税率が適用されます。

消費者にとっては少しでも消費税の支払いが少なくなるのでありがたいことかもしれませんが、軽減税率が適用される商品を扱う事業者にとっては、複数の消費税が存在することで経理処理や納税の際の計算が複雑になってしまいます。

消費税にも地方税がある

税金には**国税**と**地方税**の2種類があるといいました。国税とは、法人税や所得税、相続税など国に対して納める税のことをいい、地方税は固定資産税や自動車税など地方自治体に対して納める税のことをいいます。

実はこれらの税金と同じく、消費税にも**地方消費税**という税が含まれているのをご存知でしょうか。厳密なことをいうと、私たちが支払っている消費税10%の内訳は、7・8%が国税で残りの2・2%は地方消費税となっています。軽減税率の場合は、消費税が6・24%、地方消費税が1・76%となっています。

消費税は国税と地方消費税が含まれている

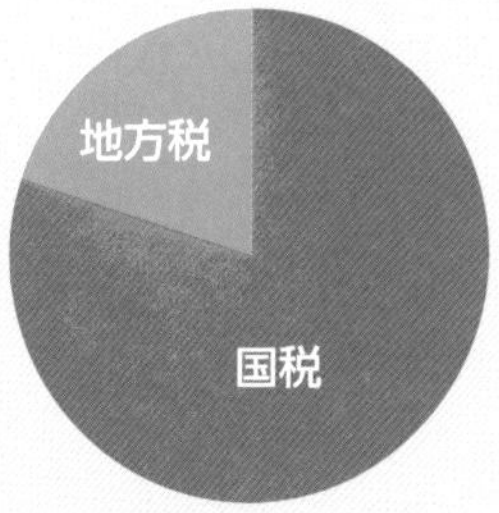

消費税

税金には「国税」と「地方税」があります。
国税は、国に対して納める税のことで、地方税は、地方自治体に対して納める税のことです。

区分	標準税率	軽減税率
消費税率	7.8%	6.24%
地方消費税率	2.2% (消費税額の22/78)	1.76% (消費税額の22/78)
合計	10.0%	8.0%

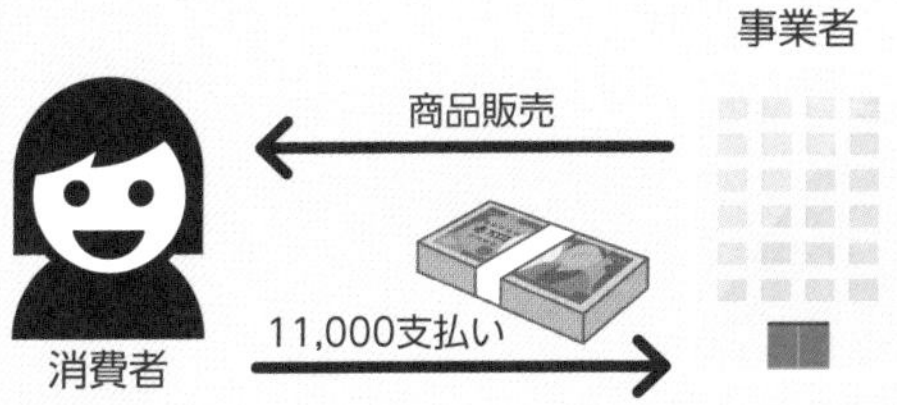

本体価格：10,000円
消費税：1,000円

→

(消費税内訳)
消費税（国税）：780円
地方消費税：220円

用語解説 軽減税率

酒類、外食を除く飲食料品や週2回以上発行される新聞等に適用される税率のこと。

まとめ

納付する消費税額を計算する場合は、国税と地方税をそれぞれ計算しなくてはなりません。

Section

04 納める消費税の計算方法を理解しよう

計算方法は2つある

前項では、消費税の税率が複数存在することで事業者の消費税計算が複雑になるとお伝えしましたが、実際に納める消費税額はどのように計算すればいいでしょうか。

事業者が納める消費税の納付額は、商品を販売した際に消費者から預かった消費税分をすべて合計して納付すればいいと思いがちですが、P22でもお伝えしたように、それでは事業者が消費税を納め過ぎることになりかねません。ですから消費税を正確に計算するには、次のように、課税売上に係る消費税額から課税仕入れに係る消費税額を差し引いて計算します。

消費税額＝課税売上に係る消費税額−課税仕入れに係る消費税額

先ほどの消費税の計算方法は**一般課税**といい、原則的な消費税額の計算方法ですが、軽減税率など複数の消費税が混在していたり経費の消費税があったりすると、消費税を計算するのが面倒で事業者の負担になります。もしも消費税計算の負担を減らしたい人は、もっと簡単に消費税額が算出できる**簡易課税**という方法で計算し消費税を納税することもできます。

ちなみにこの時、仕入れの際にかかった消費税を差し引くことを**仕入税額控除**といっています。

簡易課税はみなし仕入率を使って計算する

先ほど簡易的に消費税の納付額を計算する簡易課税があると説明しました。「簡易的に計算するってどういうこと？」と思われるかもしれませんが、簡易課税では左のページにあるように業種ごとに定められた**みなし仕入率**を用いて仕入れ等の消費税額を計算することになっています。このみなし仕入率を用いることで、仕入れや経費にかかった消費税を細かく計算する必要がなく、簡単に消費税額を算出できるようになります。ただ、簡易課税を選択できる事業者には条件があります。その条件などに関する詳しいことはP52で説明します。

消費税の納税額はどうやって計算する？

一般課税の場合の納税額は、次のように計算します

消費税額 ＝ 課税売上に係る消費税額 － 課税仕入れに係る消費税額

課税売上に係る消費税額	
課税仕入れに係る消費税額	納付する消費税額

課税売上に係る消費税額 ＝ 標準税率の対象となる税込み売上額 $\times \frac{7.8}{110}$ ＋ 軽減税率の対象となる税込み売上額 $\times \frac{6.24}{108}$

課税仕入れに係る消費税額 ＝ 標準税率の対象となる税込み仕入れ額 $\times \frac{7.8}{110}$ ＋ 軽減税率の対象となる税込み仕入れ額 $\times \frac{6.24}{108}$

簡易課税はどうやって計算する？

簡易課税の場合の納税額は、次のように計算します

※みなし仕入率

消費税額 ＝ 課税売上に係る消費税額 － 課税仕入れに係る消費税額

事業区分	みなし仕入率	該当する事業
第1種事業	90%	卸売業（他の者から購入した商品をその性質、形状を変更しないで他の事業者に対して販売する事業）をいいます。
第2種事業	80%	小売業（他の者から購入した商品をその性質、形状を変更しないで販売する事業で第1種事業以外のもの）、農業・林業・漁業（飲食料品の譲渡に係る事業）をいいます。
第3種事業	70%	農業・林業・漁業（飲食料品の譲渡に係る事業を除く）、鉱業、建設業、製造業（製造小売業を含みます。）電気業、ガス業、熱供給業及び水道業をいい、第1種事業、第2種事業に該当するものおよび加工賃その他これに類する料金を対価とする役務の提供を除きます。
第4種事業	60%	第1種事業、第2種事業、第3種事業、第5種事業および第6種事業以外の事業をいい、具体的には、飲食店業などです。なお、第3種事業から除かれる加工賃その他これに類する料金を対価とする役務の提供を行う事業も第4種事業となります。
第5種事業	50%	運輸通信業、金融・保険業、サービス業（飲食店業に該当する事業を除きます。）をいい、第1種事業から第3種事業までの事業に該当する事業を除きます。
第6種事業	40%	不動産業

出典：国税庁サイト「簡易課税制度の事業区分」を参考に作成

用語解説 仕入税額控除

課税事業者が消費税の納付額を計算する際に、売上にかかる消費税から仕入れにかかった消費税を差し引くことで二重課税にならないようにする制度。

用語解説 みなし仕入率

業種ごとに定められた仕入れ率のこと。消費税法では、それぞれの業種（第1種～第6種）に対応する率が定められている。

まとめ

簡易課税制度を使いたい事業者は、あらかじめ申請を済ませる必要があります。（P52で説明します）

Section 05

消費税を納税しなくていい事業者がいる

消費税分得をする事業者免税点制度

これまで、消費税は事業者が消費者に代わって納める税であると説明してきました。しかし、消費税を納付する際に必要になる消費税の計算や申告書の作成は、年間売上が少ない小規模事業者にとって、手間が多いためかなりの負担になります。そこで、消費税制度が導入された際に事業者がこの制度を受け入れやすくするために設けられたのが**事業者免税点制度**です。

事業者免税点制度とは、課税売上高が一定の金額以下の小規模事業者であれば、消費税の申告・納付義務を免除するという制度です。この制度について消費税法では、「事業者のうち、その課税期間の基準期間における課税売上高が1000万円以下である者については、その課税期間中に国内において行った課税資産の譲渡等につき、消費税を納める義務を免除する」と定められています。

ちなみに、事業者免税点制度が適用され消費税を支払っていない事業者のことを免税事業者といい、消費税を支払っている事業者のことを課税事業者と区別していますので覚えておきましょう。

課税期間や基準期間ってどういうこと?

消費税を計算するには、まずいつからいつまでの期間の取引を対象にするのかを決めなくてはなりません。この集計するための期間のことを課税期間といい、個人事業主の場合は1月1日から12月31日までと決められています。法人の場合は、各法人が定めた期間の期首から期末までが課税期間になります。一方、基準期間とは、課税期間の2期間前の期間のことをいいます。ということは、自分が課税事業者になるかどうかは、2年前の1月1日から12月31日までの課税売上高を対象にして考えればよいということです。気になる人は2年前の「課税期間の基準期間における課税売上高」が1000万円を超えるかどうかを確認してください。

課税事業者と免税事業者の違いは？

	課税事業者	免税事業者
条件	課税期間となる事業年度の2年前（法人の場合は2期前）の課税売上高が1,000万円以上または、前年の1～6月までの（特定期間※1）の課税売上高が1,000万円以上の事業者もしくは自ら選択した事業者	課税期間となる事業年度の2年前（法人の場合は2期前）の課税売上高が1,000万円以下または、前年の1～6月までの（特定期間）の課税売上高が1,000万円以下の事業者
消費税の納税義務	あり	なし 事業者免税点制度 消費者から消費税を受け取っても納税しなくてよい

※1　特定期間とは、課税期間の前年の1～6月（個人事業主の場合）、法人の場合は前期事業年度の前半6ヵ月（上半期）のこと

課税期間と基準期間ってなに？

消費税の課税事業者かどうかの判断は、すでに確定している2年前の課税売上を基準にして考えます。

個人事業主の場合

2021年1/1～12/31	2022年1/1～12/31	2023年1/1～12/31
基準期間	特定期間 1/1～6/30	課税期間
課税売上高1,000万円超	→	課税事業者
課税売上高1,000万円以下	→	免税事業者
	課税売上高1,000万円超 または給与総額 →	課税事業者

課税期間とは：個人事業主の場合は、その年の1/1～12/31、法人の場合は各法人が定めた期首から期末までの期間

基準期間とは：個人事業主の場合は、2年前の課税期間、法人の場合は2期前の事業年度のこと

用語解説　課税資産の譲渡等

事業者が対価を得て行う資産の譲渡や貸付のこと。資産とは、販売用の商品、事業等に用いている建物、機械、備品などの有形資産のほか、権利やノウハウその他の無体財産権などを指す。

まとめ

事業年度の開始時点では、消費者から消費税を預かる必要があるかどうかを判断しなければなりません。

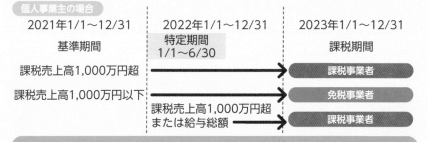

Section

06 課税事業者は仕入れ税額を控除できる

課税事業者には消費税の還付がある

事業者免税点制度の話を聞くと、消費税を納付しなければならない課税事業者は損をした気分になるかもしれません。しかし残念ながら課税事業者は免税事業者のように消費税の免除がありません。ただし、少しでも節税したいと考えるならＰ28で触れた仕入税額控除を使って納付する消費税額を抑える方法があります。

仕入税額控除とは、事業者が消費税の納付額を計算する際に、売上にかかる消費税から仕入れにかかった消費税を差し引くことで二重課税にならないようにする制度です。この制度が受けられるのは課税事業者のみで、控除を受けるには請求書と帳簿の保存が義務付けられています。その請求書は、どんな請求書でもいいわけでなく、定められた記載事項を満たした様式のものでなくてはいけません。インボイス制度導入前は**区分記載請求書**といわれる請求書等の保存が必要でしたが、インボイス制度が始まると取引先から交付される**適格請求書**と呼ばれる請求書等を保存することになります。

詳しくは後述しますが、インボイス制度において仕入税額控除の要件に必要となる適格請求書は、登録した課税事業者しか発行することができません。

消費税制度のゆがみを整えるインボイス制度

現在、免税事業者は消費税を受け取っても納付しなくてよいことになっており、受け取った消費税分を自分の利益にすることができます。このお金のことを**益税**といいますが、このように消費者が支払った消費税が正しく納められていない状況や、消費税を納税していない免税事業者から仕入れを行なっている課税事業者に対しても消費税を還付しているという矛盾した状況にメスを入れる制度として始まるのがインボイス制度です。

さまざまな事業を運営するために税収を財源としている国としては、消費税の増収は重要なテーマなのです。

仕入税額控除の仕組みって？

	取引		消費税の納税額
製造業者	販売 11,000円	売上：10,000円 消費税：1,000円	消費税 1,000円 納税
卸売業者	仕入れ 11,000円 販売 22,000円	仕入れ：10,000円 消費税：1,000円 売上：20,000円 消費税：2,000円	消費税 2,000ー1,000円 =1,000円 納税
小売業者	仕入れ 22,000円 販売 33,000円	仕入れ：20,000円 消費税：2,000円 売上：30,000円 消費税：3,000円	消費税 3,000ー2,000円 =1,000円 納税
消費者	支払額 33,000円	本体価格：30,000円 消費税：3,000円	事業者の納税額 と 消費者の負担額 は同じになるはず。

2023年10月1日～
インボイス制度が始まると、仕入税額控除の要件が変わります。
区分記載請求書ではなく、適格請求書等の保存が必須になります。

用語解説 区分記載請求書

従来の請求書の記載内容に加え、「軽減税率の対象品目とわかる旨」と「税率ごとに区分して合計した対価の額（税込）」を記載した請求書等のこと。

用語解説 適格請求書

売手が買手に対して、正確な適用税率や消費税額等を伝えるもので、「区分記載請求書」に「登録番号」、「適用税率」及び「消費税額等」の記載が追加になったもの。

まとめ

仕入税額控除が受けられないままだと、本来よりも消費税の納付額が増えてしまうかもしれません。

Column

免税事業者の「益税」はない という意見が真実!?

消費税は、事業者が消費者から預かっている税であることを本書ではお伝えしてきましたが、実は2023年2月10日 衆議院内閣委員会で政府から「消費税は預かり金ではないため、益税ではない」と発言があり、物議を醸し出しています。

実は、消費税が消費者からの預かり金であるかどうかについては、1990年ごろから続いている論争です。これまでも政府としては消費税のことを「預かり金的な性格を有する税」と、微妙な表現を度々使ってきていますが、それは、1990年に行われたある裁判にて消費税は消費者からの預かり金ではないという判決が出たことが背景にあるからと推察されます。ただし、同じ判決の中では、消費税分として得た金額は、原則として国庫にすべて納付されることが望ましいことは否定できないともあり、さらに、免税業者が消費者から消費税分を徴収しながら、その金額を国庫に納めなくても良いことを積極的に予定しているものではないという判決もあります。要するに、より正確にいえば、消費者からの預かり金ではないけれど、だからといって消費税として消費者から預かっている以上は、国に納付することが望ましいということなのです。

Chapter 2

インボイス制度について理解しよう

ずばりインボイスとは？
新しい様式の請求書のことよ！
ススム説明してあげて
請求書
〇〇年〇月〇日
1章で説明したとおり、消費税とは
「預けた人に代わりに納めてもらう」税金です
売り手
¥消費税
買い手
「預けた」ということを国に証明すればその分は控除されます
もう払ったのかな？確認させて
売り手に払った分は決算のときに控除しますね
この証明に必要になるのがインボイス
だからインボイスには保存義務もあるのです
インボイスとは新しい様式の請求書のことよ
インボイス

え…でも請求書ってこれまでも保存しておくべき書類じゃなかった？
「新しい様式の」ってのが重要よ
ススム説明を
インボイスには「適格請求書発行事業者番号」等の追加事項が新たに必要です！
T12345……
（Tで始まる）適格請求書発行事業者……
番号？
とは？
ここがインボイス制度後の最大の違い
売り手は今後これを請求書に書かなきゃいけないの！
（旧）
請求書
（新）
請求書
・税率ごとの適用税率
・税率ごとに区分した消費税額等
・登録番号
追加事項

めんどくさ……
相手の立場で考えて！
買う側がもしマチ子からインボイスをもらえなければ控除は受けられない
つまり消費税額分をマチ子と国へ二度も払うことになるから
¥消費税
仕入れ
確定申告
¥消費税
明らかなコストアップ！
だったら登録番号を持たない事業者との取引を控えて
登録番号を持つ事業者を優先するんじゃないかしら!?
T12345……
課税事業者
免税事業者
インボイスを発行しないと事業を継続できない？

まあ かわいい弟の勤め先だし
あげちゃおうかな…… 適格請求書発行事業者番号
状況を理解したマチ子
……って「Tから始まる番号」なんて
心当たりがないよ！
保険証
クレジット
マイナンバー
そう！
ちゃんと自分で申請しない限りは
絶対にもらえない番号なのです！
というよりも必要なのは仕入れる側だから
きっとマチ子の番号を誰かが催促してくるはずね
……はっ！ 1章冒頭のススムのアンケートか！
謀ったな出版社！
インボイスの登録番号は仕入れ側にとってこそ貴重！

Section

01 インボイス制度ってどんな制度？

インボイス制度をざっくり理解しよう

2023年10月1日からインボイス制度が始まると、これまでの仕入税額控除の制度が変わります。新しい制度では、これまでの請求書では仕入税額控除が受けられず、適格請求書（インボイスといわれることもある）の保存が仕入税額控除の要件となります。

つまり、現在の取引先からの請求書を仕入れとし控除対象にするには、取引先から適格請求書を発行してもらわなければならないということです。ただし、この適格請求書を発行できるのは1-6でも触れたように、事前に登録を済ませた課税事業者のみと決められています。ですから、これから適格請求書を発行できるようにしようと考えるなら、課税事業者であることと適格請求書発行事業者登録の2つを満たしておかなければなりません。

インボイス制度で押さえるべき3つのポイント

インボイス制度で押さえておきたいポイントは3つです。1つは、仕入税額控除（P32）を受けるためには適格請求書が必要になること。2つめは、適格請求書は適格請求書発行事業者登録を済ませた課税事業者のみしか発行できないこと。3つめは、適格請求書という新しい形式の請求書が増えるということです。

ちなみに、これまで使用していた請求書（区分記載請求書等）が無くなるわけではありません。適格請求書を発行できるのは、前出の条件を満たした事業者のみですから、それ以外の事業者についてはこれまで通りの請求書を発行して問題ありません。

この制度によって大きく影響されるのは、課税事業者と取引のある免税事業者と、免税事業者と取引のある課税事業者です。免税事業者と取引のある課税事業者は、インボイス制度開始を機に免税事業者からの仕入れがコストアップになりますし、免税事業者は、減収になる可能性が高くなります。

インボイス制度のスタートは2023年10月1日

なぜ必要？　インボイス
複数の消費税が混在していても正しく消費税の納税額が把握できるようになり、消費税を納税していない免税事業者からの仕入れに対しても控除が行われているという現状の矛盾が是正される

仕入れ税額控除の対象
2023年9月30日まで 区分記載請求書方式：区分記載請求書 → 2023年10月1日から 適格請求書方式：適格請求書等インボイス

	取引	消費税の納税額
課税事業者 製造業者	販売 11,000円　売上：10,000円　消費税：1,000円	消費税 1,000円
課税事業者 卸売業者 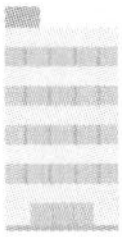	仕入れ 11,000円　仕入れ：10,000円　消費税：1,000円 販売 22,000円　売上：20,000円　消費税：2,000円	消費税 2,000−1,000円 =1,000円
免税事業者 小売業者 	仕入れ 22,000円　仕入れ：20,000円　消費税：2,000円 販売 33,000円　売上：30,000円　消費税：3,000円	納税なし ※益税が発生
消費者 	支払額 33,000円　本体価格：30,000円　消費税：3,000円	事業者の納税額 2,000円 と 消費者の負担額 3,000円

矛盾がある

インボイス制度で押さえるポイントは3つ
1：仕入税額控除を受けるには、「適格請求書（インボイス）が必要
2：「適格請求書（インボイス）」は課税事業者のみ発行できる
3：適格請求書になることで、記載項目が増える

まとめ 
インボイス制度ができても、これまでの請求書（区分記載請求書）がなくなるわけではありません。

Section

02 適格請求書等保存方式ってなに？

帳簿と請求書の保存ルールが変わります

前項で出てきたインボイス制度は、正式には適格請求書保存方式といわれます。ここではその適格請求書保存方式について、さらに詳しく説明していきます。

インボイス制度が始まると、仕入税額控除の要件が変更になり、適格請求書等の保存が必要になることは既にお伝えしましたが、一体これまでの請求書と何が違うのでしょうか。

これまでの請求書は区分記載請求書といい、軽減税率の対象品目である旨の表記と税率ごとに区分して合計した税込み対価の額が記載されていました（左図参照）。インボイス制度後は、先ほどの区分記載請求書よりも記載すべき項目がさらに増え、税率ごとの適用税率、税率ごとに区分した消費税額を記載するほか、適格請求書発行事業者の登録番号の明記も必要になります。要するに、誰が誰に対して消費税をいくら支払ったのかまで明らかにしなければならないということです。適格請求書の様式については、次のページで具体的に触れていきます。

改 少額の場合や特定業種には特例もある

取引先からの仕入れを仕入税額控除の対象にしたい場合は、取引先から適格請求書を発行してもらい保存しておくのが原則です。しかし、業種や取引の金額によっては、毎回適格請求書を発行することが負担になります。

そこで、少しでも事業主の負担を減らすために、業種は限定されますが、特例として本来の適格請求書を簡略化した適格簡易請求書の発行が認められています（P114）。また、1万円未満の取引であれば、適格請求書がなくても仕入税額控除を受けられるという軽減措置も用意されています（少額特例）。ただしこの軽減措置は2029年9月30日までです。措置期間を過ぎると、1万円未満の仕入れにも控除を受けるには適格請求書が必要です。

仕入税額控除と請求書保存ルールの関係

	～2019年9月30日	～2023年9月30日	2023年10月1日～
消費税率	8%	10%（標準税率） 8%（軽減税率）	10%（標準税率） 8%（軽減税率）
仕入れ税額控除の要件	帳簿及び請求書等の保存（請求書等保存方式）	区分経理に対応した帳簿及び区分記載請求書等の保存（区分記載請求書等保存方式）	区分経理に対応した帳簿のほか、**適格請求書等の保存**（適格記載請求書等保存方式）

必要な記載項目

	請求書等保存方式	区分記載請求書等保存方式	適格記載請求書等保存方式
発行者の氏名または名称	●	●	●
取引年月日	●	●	●
取引内容	●	●	●
取引金額	●	●	●
受領者の氏名または名称	●	●	●
軽減税率の対象品目である旨の表記		●	●
税率ごとに区分して合計した対価の額		●	●
税率ごとの適用税率			●
税率ごとに区分した消費税額等			●
登録番号			●

記載しなくてはいけない項目が増えます

適格請求書を発行できる事業者は、課税事業者登録を行い、かつ適格請求書発行事業者登録を済ませた事業者のみです。

用語解説 適格簡易請求書

不特定多数の人に対して販売等を行う小売業、飲食店業、タクシー業等など、規定の業種のみ発行できる請求書。適格請求書よりも記載項目が少ない

用語解説 少額特例

売上1億円未満の事業者であれば、1万円未満の仕入れに係る取引についてはインボイスが不要という特例

用語解説 適格請求書発行事業者の登録番号

適格請求書発行事業者の登録を済ませた事業者のみに与えられる登録番号で、T＋13桁の数字で成り立っている。法人の場合は「T＋法人番号」

まとめ

適格請求書は事業者登録を行った事業者しか発行できないので、課税事業者登録も登録が必要です。

Section
03 これまでの請求書とどこが違うの？

適格請求書は何が「適格」なの？

インボイス制度で用いられる適格請求書は、これまでの請求書とは異なり、売手が買手に対し正確な適用税率や消費税額等を伝えることができる請求書です。

今までの請求書と比較してみよう

適格請求書で記載しなければならない項目は、次のようになります。

適格請求書に必要な記載事項

①適格請求書発行事業者の氏名または名称

請求書を発行する側の氏名や会社名・屋号などを記載します。

②取引年月日

請求書の発行日を記載します。

③取引内容

これまでと同様の書き方で構いません。

④取引の合計金額（税込み）

取引全体の合計金額を税込みで記載します。

⑤請求書を受け取る者の氏名または名称

請求書を受け取る側の氏名や会社名・屋号などを記載します。

⑥軽減税率対応品目がわかるように「※印」の記号

軽減税率の対象になるものには、そのことがわかるように区別しておきます。

⑦税率ごとに区分した合計金額（税込みまたは税抜き）及び⑧適用税率

軽減税率（8％）と標準税率（10％）に分けて、合計金額と適用税率を記載します。

⑨税率ごとに区分した消費税の合計金額

軽減税率（8％）と標準税率（10％）のそれぞれに対し、消費税の合計金額を記載します。

⑩適格請求書発行事業者の登録番号

登録申請後に発行される事業者登録番号（Tで始まる13桁の番号）を記載します。

これまででの請求書と比べてみよう！

請求書等保存方式

- 発行者の氏名または名称 ❶
- 取引年月日 ❷
- 取引内容 ❸
- 取引金額 ❹
- 受領者の氏名または名称 ❺

従来の請求書

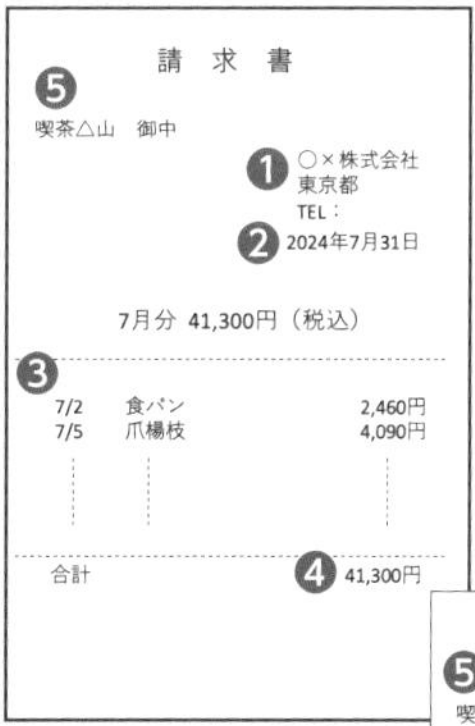

区分記載請求書等保存方式

- 発行者の氏名または名称 ❶
- 取引年月日 ❷
- 取引内容 ❸
- 取引金額 ❹
- 受領者の氏名または名称 ❺
- 軽減税率の対象品目である旨の表記 ❻
- 税率ごとに区分して合計した対価の額 ❼

区分記載請求書

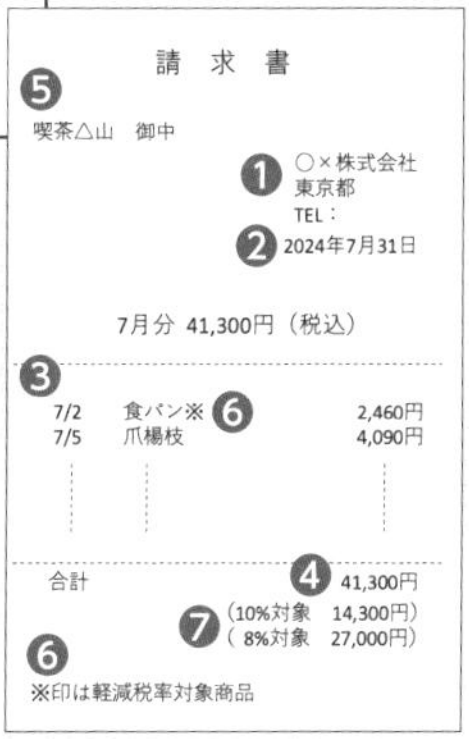

適格請求書保存方式

- 発行者の氏名または名称 ❶
- 取引年月日 ❷
- 取引内容 ❸
- 取引金額 ❹
- 受領者の氏名または名称 ❺
- 軽減税率の対象品目である旨の表記 ❻
- 税率ごとに区分して合計した対価の額 ❼
- 税率ごとの適用税率 ❽
- 税率ごとに区分した消費税額等 ❾
- 登録番号 ❿

適格請求書

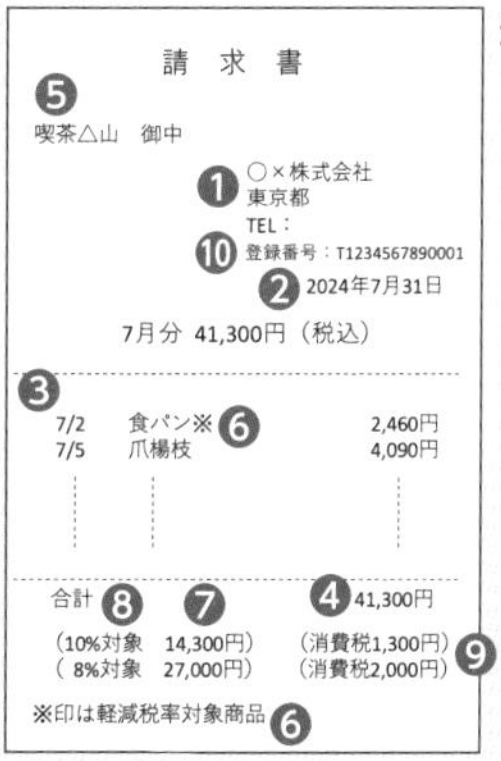

まとめ

適格請求書を作成する場合は、従来の請求書に不足している項目を手書きで記載しても大丈夫です。

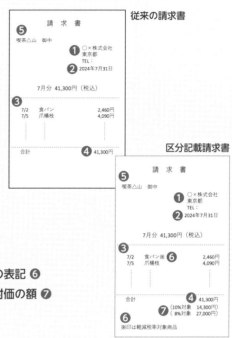

Section

04 どうすればインボイスが発行できるの？

適格請求書発行には登録がいる

適格請求書ではどのような記載事項が必要になるかがわかったと思います。ただ、「じゃあ、インボイス制度が始まったらこの形式で請求書を発行すればいいんですね」と、単に請求書のフォーマットを変更すればいいという話ではないので注意してください。繰り返しますが、適格請求書を発行できるのは、**適格請求書発行事業者**のみと決められています。従って、適格請求書発行事業者になるための登録申請手続きを先に行わなければなりません。**適格請求書発行事業者登録**はすでに始まっており、登録するには**適格請求書発行事業者の登録申請書**を作成して提出しなければなりません。

さらに、適格請求書発行事業者の登録申請書を提出できるのは課税事業者に限定されています。ですから、現在免税事業者になっている場合は、先に課税事業者登録を済ませてからでないと登録することができません。

ただ、２０２９年9月30日までであれば、「適格請求書発行事業者の登録申請書」のみ提出すれば、自動的に課税事業者登録と適格請求書発行事業者登録の2つを同時に済ませられるようになっています。

適格請求書はいつから発行できる？

適格請求書発行事業者になるタイミングは、書類を提出し税務署が事業者登録簿に登録した日となります。具体的には、登録通知書に記載されている「登録日」です。

適格請求書発行事業者登録の手続きが終わると、登録通知書が届きます。登録通知書には**事業者番号**が通知されているため、その番号がわかればすぐに発行できるようになります。

ただ、登録は申請してすぐに完了するわけでなく、通知書が届くまでには時間もかかるため登録する予定がある人は早めに申請を終わらせておきましょう。

適格請求書の発行事業者登録が必要！

適格請求書を発行しようとする事業者は、適格請求書発行事業者登録をしましょう。
ただし、適格請求書発行事業者登録ができる事業者は、課税事業者のみ。
免税事業者は、課税事業者登録が必要です。

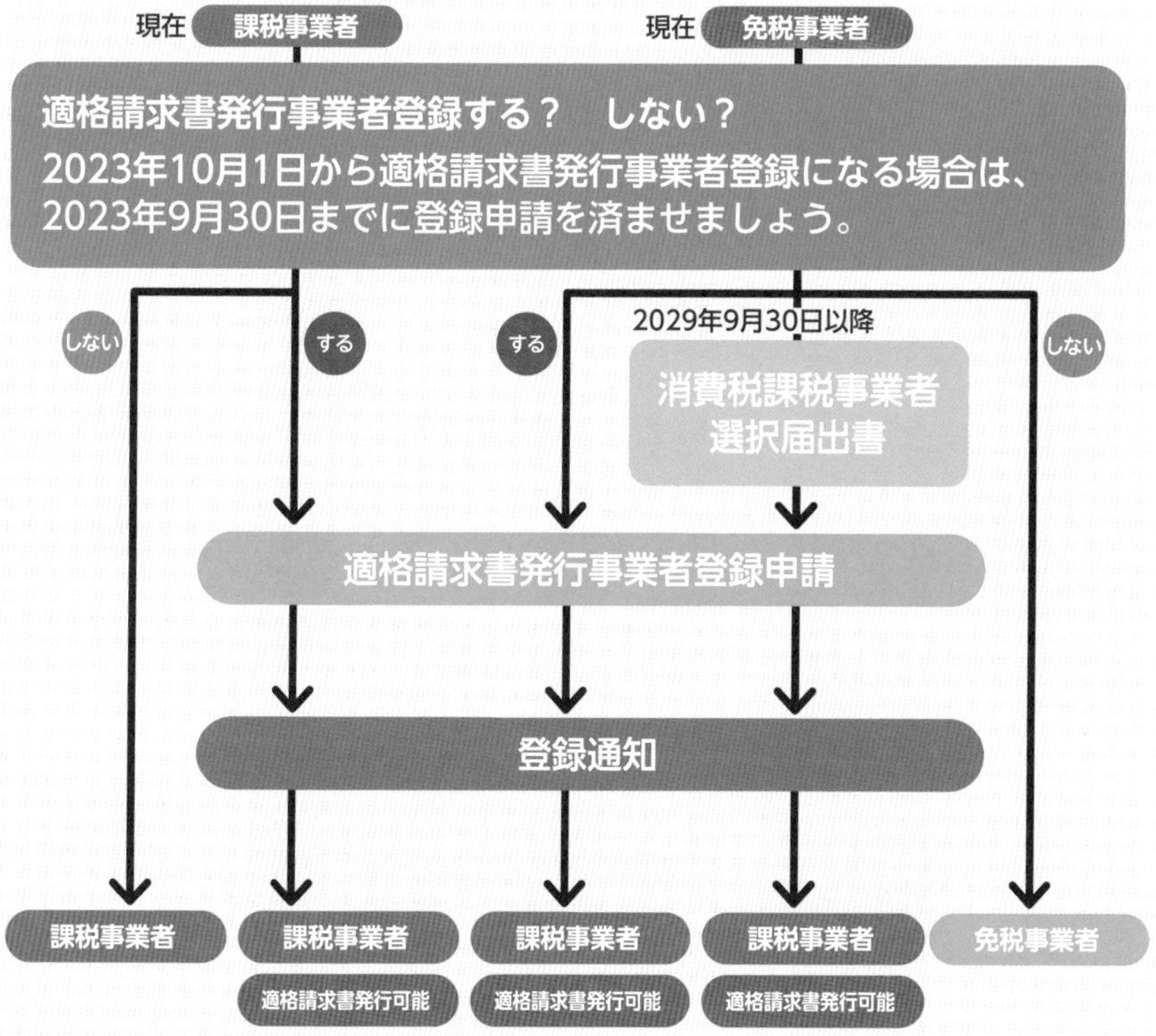

用語解説 適格請求書発行事業者

適格請求書発行事業者の登録を済ませ、適格請求書を発行できるようになった事業者のこと

用語解説 課税事業者登録

課税事業者になるために必要な登録申請のこと

まとめ

2023年10月1日以降に登録する場合は、当該課税期間の初日から起算して15日前の日までに申請します。

Section

05 インボイス制度のスケジュール

改 施行制度開始日から適格請求書を発行したい場合

インボイス制度が始まるのは、２０２３年10月１日からです。この制度の施行開始日から適格請求書を発行できるようにするには、２０２３年９月30日までに管轄の税務署への申請が必要です（申請の方法についてはＰ88で説明します）。ちなみに、過ぎた話になりますが２０２２年12月までは、インボイス制度施行開始日から適格請求書を発行するには２０２３年３月31日までの登録申請が推奨されていました。ですが、令和５年度の税制改正大綱によって、２０２３年９月30日までに登録申請を済ませれば、２０２３年10月１日から登録を受けることができます。

適格請求書がなくても仕入税額控除ができるって本当？

インボイス制度が施行されると、課税事業者が仕入税額控除を受けるためには適格請求書等の保存が必須になります。ということは、免税事業者と取引のある課税事業者が、適格請求書を発行できない免税事業者との取引を取りやめもしくは縮小する可能性があることを否定できません。ただ、だからといってすぐに課税事業者になる選択ができない免税事業者もいると思います。また、制度そのものを浸透させていくための経過措置として、制度開始後６年間は免税事業者からの課税仕入れについて、一定割合で控除できるような措置が設けられています。ただ、その控除額は段階的に減っていっていき、２０２９年10月１日以降はその措置はなくなってしまいます。

改 制度を機に課税事業者になる場合は消費税の緩和措置もある

インボイス制度を機に免税事業者から課税事業者になる場合は、本来納税しなくてはならない消費税額の２割だけを納税すればよいという経過措置も設けられています。詳しくはＰ76で説明しますが、この軽減措置は２０２６年９月30日までとなっています。

インボイス制度の登録申請スケジュール

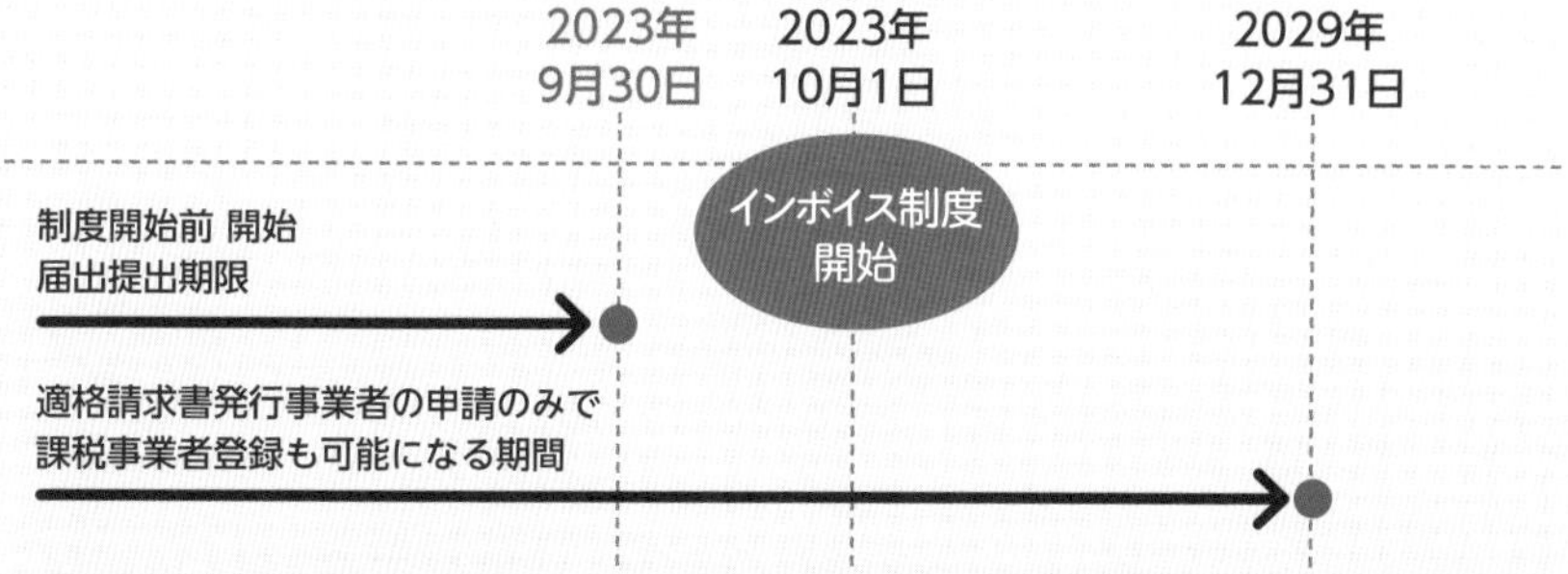

免税事業者が事業者登録をする場合で、2029年9月30日までであれば、消費税課税事業者選択届出書の提出は不要です。2030年1月1日以降は、消費税課税事業者選択届出書と適格請求書発行事業者の登録が必要になります。

適格請求書がなくても仕入税額控除できる！？

インボイス制度開始後は、適格請求書の保存がない仕入れに関しては仕入税額控除の対象になりません。ただし、制度開始直後から仕入税額控除ができなくなるわけではなく、段階的に控除額を減らす経過措置があります（2029年9月30日まで）

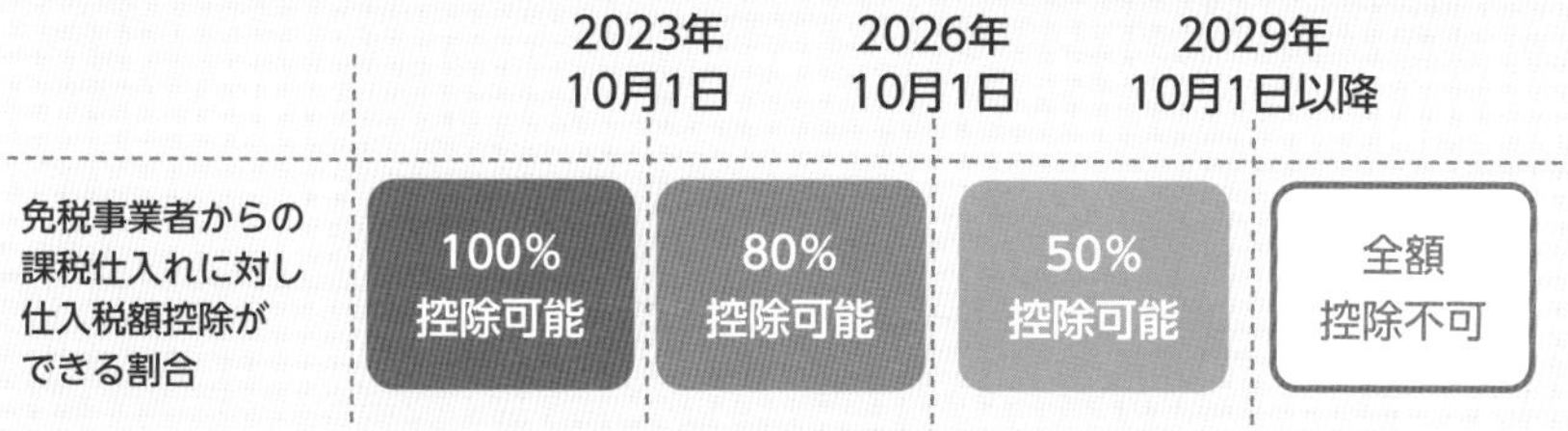

用語解説 税制改正大綱

与党の税制調査会が中心となり、翌年度以降の税制改正の方針をまとめたもの

まとめ

事業者登録を考えている人は、事業計画と照らし合わせどのタイミングで登録するかを考えましょう。

Section

06 インボイス制度の対象者は？

免税事業者がターゲット？

現在の消費税法上では、消費税を受け取ってもその消費税の納付が免除される「事業者免税点制度」があるとお伝えしました。そのような制度によって生まれてしまっているのが、益税です。これから始まるインボイス制度は、このように免税事業者が益税としてしまっている部分をきちんと国の税収にしていく仕組みになります。

中には、これまでの免税事業者だけに関係する制度だと勘違いしてしまっている人もいるかもしれません。しかし、インボイス制度導入後は、登録申請を済ませた事業者しか適格請求書を発行できないという決まりですから、課税事業者も対象になります。つまり、現在課税事業者であっても登録申請は必要だということです。

インボイス制度導入後は3つの事業者が生まれる

インボイス制度が導入されると、事業者は免税事業者と課税事業者、適格請求書発行事業者登録を済ませた課税事業者と、大きく3つにわかれることになります。まず免税事業者は、消費税の納税義務はなく、適格請求書を発行することができません。また、仕入税額控除もできません。次の課税事業者は、消費税を納付する義務がありますが、適格請求書を発行することができません。仕入税額控除については、仕入れ先によって異なります。最後の適格請求書発行事業者登録を済ませた課税事業者は、消費税の納税義務がありますが、適格請求書を発行でき、仕入税額控除もできます。売上高によっては必然的に課税事業者にならないといけない事業者もいるかもしれませんが、それ以外の場合は、どのような選択をしてもよいことになっています。ですから、免税事業者を選択している人が、必ずしもインボイス制度導入後に課税事業者となり適格請求書を発行できるようにしなければならないわけではありません。取引の相手によっては、今のまま免税事業者でいても何の影響も受けない事業者もいます。

インボイス制度後は3つの事業者が生まれる

	適格請求書発行事業者登録をした課税事業者	課税事業者	免税事業者
適格請求書の発行	できる	できない	できない
消費税の納税義務	あり	あり	なし
仕入れ税額控除	できる	できる できない (仕入れ先による)	できない

※適格請求書発行事業者の登録をするかは事業者自身で選択できます。

インボイス制度が影響するかは、自分のビジネス次第!?

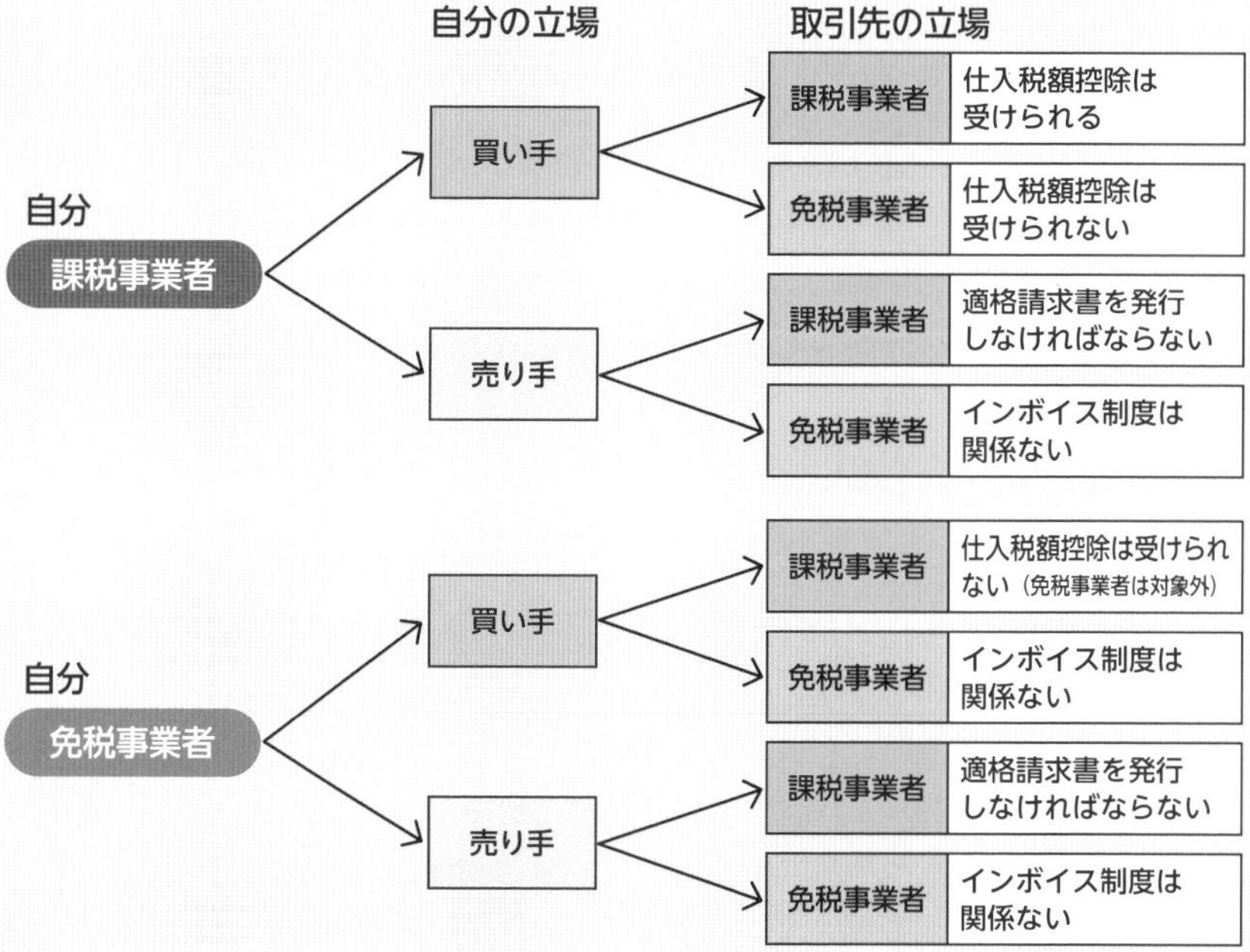

まとめ

適格請求書発行事業者になるかは自由に決められます。登録しなければならない制度ではありません。

Section 07

簡易課税制度について理解しよう

簡易課税制度という選択もできる

「インボイス制度の導入によって課税事業者となったけれど、今まで消費税の計算をしたことがなかったから、いちいち計算しなくてはいけないなんて面倒だ」という人には、**簡易課税制度**を選択する方法があります。

1章で、消費税を納税する際の計算方法には**一般課税**と**簡易課税**という2種類があるとお伝えしました。一般課税の計算方法に比べ、みなし仕入率を使用することでシンプルに計算できるのが簡易課税の特徴です。

一般課税の場合の消費税計算は、売上にかかった消費税額から仕入れにかかった消費税額をそれぞれ計算し、差し引いた分を消費税としますが、それだと個人事業主や小規模事業者にとって計算が手間になることもあります。そうした手間を考慮し、年間の課税売上が５０００万円以下の事業者を対象に、簡易的に消費税の納付額を計算できるようにしたのが、この簡易課税制度です。

簡易課税制度のルールを知っておこう

簡易課税制度を利用するには、簡易課税を行う事業年度の前日までに**消費税簡易課税制度選択届出書**を税務署へ提出しておかなければなりません。この届出を行わない場合は、一般課税制度が適用されることになるので注意してください。

また、先ほども書いたように簡易課税制度が利用できるのは、年間の課税売上が５０００万円以下の事業者のみです。事業がうまくいき課税売上が５０００万円を超えた段階で適用されなくなります。

さらに、この簡易課税制度は一度申請したら2年間は簡易課税制度を続けなくてはなりません。毎年異なる課税制度を利用することはできない決まりになっているので注意してください。また、簡易課税制度をやめる場合は、改めて届出が必要になります。

簡易課税制度の条件とルール

インボイス制度導入によって、課税事業者になり適格請求書発行事業者を選択した場合でも簡易課税制度を使えば、経理の負担増を避けることができます。

国税の消費税の計算

消費税額 ＝ 課税売上に係る消費税額 － 課税仕入れに係る消費税額 ※みなし仕入率

みなし仕入率を使うから計算がラク!

簡易課税制度が使える事業者

①基準期間の課税売上高が5,000万円以下の事業者

②適用を受ける事業年度の前日までに「消費税簡易課税制度選択届出書」を提出した事業者

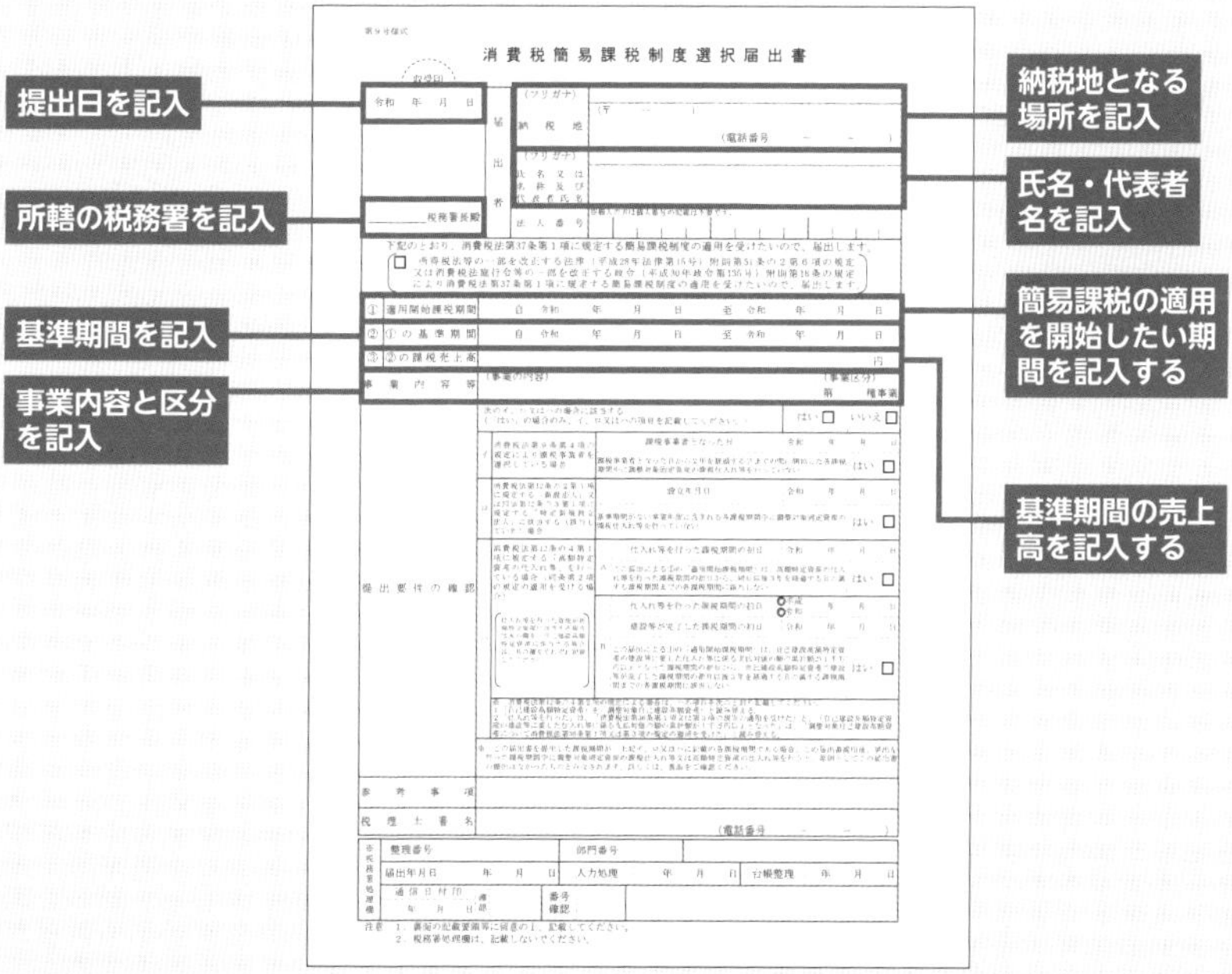

経理事務の負担が少なくなりますが、簡易課税制度を選択した場合、2年間は簡易課税制度を続けなくてはならない決まりです。

まとめ

簡易課税を選択したら、その後2年間はやめられません。“2年しばり”に注意してください。

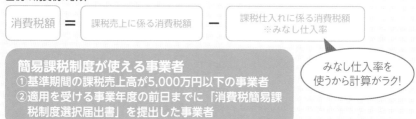

Section

08 簡易課税制度のメリットとデメリットは？

簡易課税を選ぶと何がいいの？

簡易課税制度のいい点は、計算がシンプルでラクになるというだけではありません。インボイス制度で簡易課税制度を選択した場合、**適格請求書の保存が不要になり**ます。

仕入税額控除を受けるには、計算のために正しい仕入れ税額を把握しなければなりませんが、簡易課税制度の場合は、仕入れ額をみなし仕入率を使って一律で計算してよいとされているからです。

従って、取引先から適格請求書を発行してもらったかどうかをいちいち気にしなくてもよくなります。

また、事業者によっては、一般課税よりも簡易課税の方が節税できるケースもあります。簡易課税の方が消費税の納付額が少なくなるケースは、売上消費税額にみなし仕入率を掛けた時に、仕入れ消費税額の方が金額が少なくなる場合です。

簡易課税を選んで損することはある？

ただし、簡易課税を選択することで納付する消費税の**負担が増える場合もあります。**

先ほど紹介した場合の逆で、売上消費税額にみなし仕入率を掛けた時に、仕入れ消費税額の方が金額が多くなる場合は、簡易課税にすることで税負担が増えてしまいます。

仮にそうなった場合、一般課税を選択していれば払い過ぎた消費税分は還付してもらうことができますが、簡易課税の場合はそのようなことができません。

前項でも触れたように、簡易課税制度は最低でも2年間続けて選択しなければならない決まりなので、2年続けて損をすることも十分に考えられます。

簡易課税制度のメリットとデメリット

メリット	デメリット
何より納税事務作業の負担が大幅に軽減されることです。一般課税では、課税取引において「受け取った消費税」と「支払った消費税」を算出します。しかし、軽減税率適用の品目の税率ごとに計算したり、非課税取引や不課税取引があれば除外して計算する必要があるので、納付する消費税額を正確に計算するには時間と労力がかかります。簡易課税制度を利用すれば、事務作業の手間が軽微なことに加え、予想される売上金額とみなし仕入率から消費税納税額がおおよそ割り出せるため、納税額を把握しやすくなります。	一度簡易課税制度を選択すると、2年間は一般課税に戻せない点があります。前述したように簡易課税制度は、消費税の還付が受けられません。あくまで課税売上高をもとにして、消費税額を算出するので、売上でかかった消費税額を上回ることがないからです。そのため、その2年の間に大きな設備投資予定が見込まれていて、支払う消費税が多額になる場合などは、簡易課税を選択していると、還付が受けられないことはもちろん、消費税の納付額がかえって多くなる可能性があります。ほかには、みなし仕入れ率が異なる複数の事業を営んでいる事業者は、それぞれの事業区分ごとのみなし仕入率で計算するなど、かえって納税事務の負担が増すケースがあるので注意が必要です。

簡易課税制度はなぜ適格請求書の保存が不要？

みなし仕入率を用いて計算する簡易課税制度では、請求した消費税額さえわかれば仕入れ控除税額を計算できます。従って、受け取った請求書や預かった消費税額を気にする必要はありません。

一般課税と簡易課税のどちらがよい？

簡易課税の方が得

課税売上に係る消費税額 × みなし仕入率（P52） ＞ 仕入れ・経費で支払った消費税額

簡易課税の方が損

課税売上に係る消費税額 × みなし仕入率（P52） ＜ 仕入れ・経費で支払った消費税額

まとめ

事業主によっては簡易課税制度で損することも。どの選択がベストなのかあらかじめ試算してみましょう。

Section

09

事業者登録ってなに？

適格請求書発行事業者をみわける番号

適格請求書発行事業者の登録申請を済ませると、税務書から**登録通知書**が送られてきます。送られてくる登録通知書には、Tで始まる13桁の事業者登録番号が記載されています。

インボイス制度が開始されたら、この事業者登録番号を適格請求書に記載しなければならないので、紛失しないように保管しておきましょう。

登録番号は、個人事業主や社団法人、財団法人、組合などの団体は**T＋13桁の数字**が割り当てられますが、法人の場合は**T＋法人番号**が割り当てられます。

ちなみにこの時に割り当てられる番号は、マイナンバー等とは一切関係がありませんので安心してください。

この事業者登録番号は、適格請求書を発行する際に記載が必要になりますが、この番号を偽造するのは禁止されていますので絶対に行わないでください。法人の場合も、法人を設立した際に割り当てられる法人番号がわかっているからといって、事業者登録申請を行っていないのに登録番号を作成するのは認められていません。

登録事業者は公表される

事業者がきちんと適格請求書発行事業者として登録を済ませているかどうかは、国税庁の**適格請求書発行事業者公表サイト**で公表されるため、確認することができます。

取引先から交付された適格請求書に記載された事業者登録番号を入力して照会すれば事業者の情報を確認できるので、登録番号が誤りでないかどうかを確認する上でもこの公表サイトを使った照会は必要なことになります。

ただ、この公表サイト上では、事業者の本名も公表されます。ですからペンネーム等で活動している事業者などから問題視されていますが、事業者の本名が公表されることについては今のところ変更はありません。

事業者公表サイトってなに？

インボイス制度開始後は、適格請求書が発行できる適格請求書発行事業者として国税庁のサイトで公表されます。公表サイトで事業者登録番号を検索すると、名称（個人事業主の場合は個人名）や登録年月日、所在地（法人の場合のみ）を表示することができます。

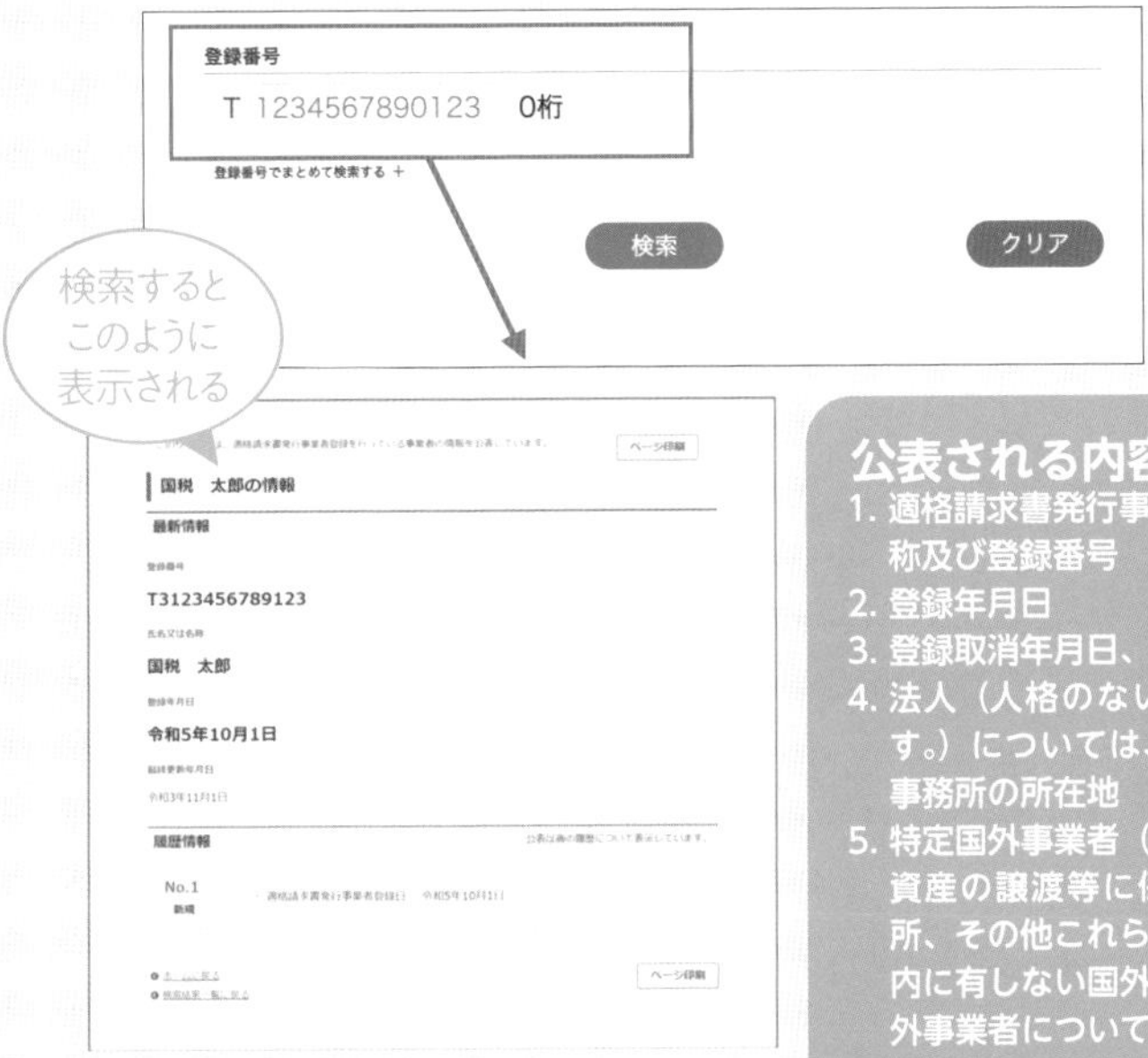

出典：国税庁　適格請求書発行事業者公表サイト https://www.invoice-kohyo.nta.go.jp/index.html

公表される内容

1. 適格請求書発行事業者の氏名又は名称及び登録番号
2. 登録年月日
3. 登録取消年月日、登録失効年月日
4. 法人（人格のない社団等を除きます。）については、本店又は主たる事務所の所在地
5. 特定国外事業者（国内において行う資産の譲渡等に係る事務所、事業所、その他これらに準ずるものを国内に有しない国外事業者）以外の国外事業者については、国内において行う資産の譲渡等に係る事務所、事業所、その他これらに準ずるものの所在地

登録番号は偽装したらどうなる!?

偽りの記載をしたインボイスを発行するのは禁止事項です。事業者登録をしていないのに、勝手に番号を偽装してインボイスを偽装すると1年以下の懲役又は50万円以下の罰金が科せられます。

まとめ

登録番号はサイトで確認できます。

Column

インボイスって
みんな本当に登録してるの？

インボイス制度施行日が迫り、取引先から通知書が来ている人もいると思います。ネット上では、「インボイス制度反対！」と反対運動をしている人もいますし、「まだ登録していない」「迷っている」という人もいます。そんな声を見聞きすると、登録すべきかどうかを躊躇《ちゅうちょ》してしまいます。

国税庁の資料によれば、令和5年4月末日時点での申請件数は約334万件だそうです。グラフからもわかるように、登録件数は右肩上がりで伸びていますが、実際のところはこの数字が多いのか少ないのかを判断する基準がありません。なぜなら、インボイスの登録をするかしないかは事業主の自由だからです。しかし事業主の中には、すべての事業主がインボイス制度へ適用できるようにしなければならないと勘違いしている人もいます。勘違いして登録してしまった事業主の中には、登録の取り消しを行う人も一部いるようです。

インボイス登録件数の推移

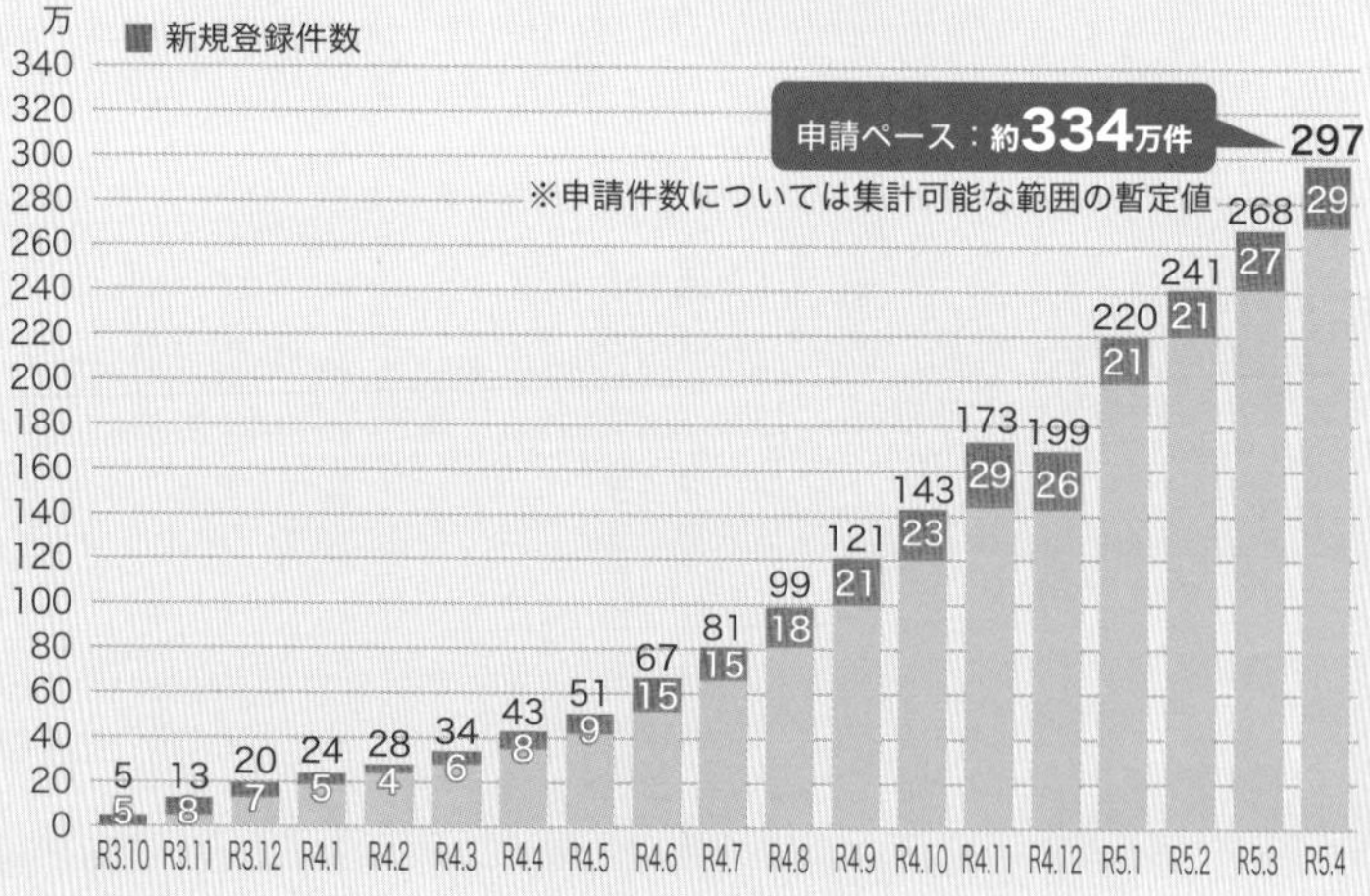

Chapter 3

免税事業者はどうすればいいの？

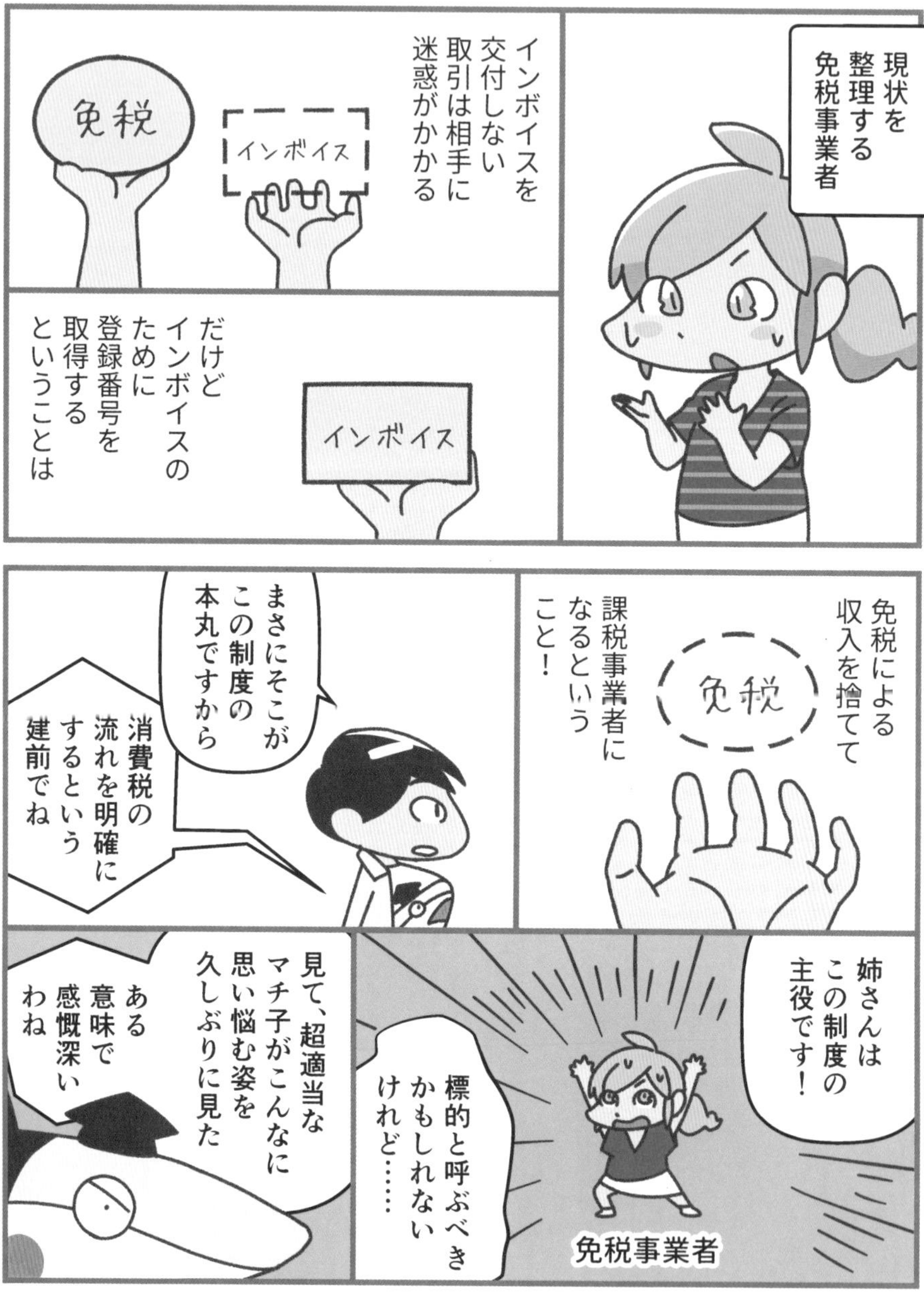
現状を整理する免税事業者
インボイスを交付しない取引は相手に迷惑がかかる
インボイス
免税
だけどインボイスのために登録番号を取得するということは
インボイス
免税による収入を捨てて課税事業者になるということ！
免税
まさにそこがこの制度の本丸ですから
消費税の流れを明確にするという建前でね
姉さんはこの制度の主役です！
標的と呼ぶべきかもしれないけれど……
免税事業者
見て、超適当なマチ子がこんなに思い悩む姿を久しぶりに見た
ある意味で感慨深いわね

選択①
インボイスを発行せず
消費税を請求する
（自分の収入は維持
取引先の収入は減る）
選択②
インボイスを発行せず
消費税は請求しない
（自分の収入は減る）
選択③
インボイスを発行して
消費税を請求する
（自分の収入は減る
取引先の収入は維持）
私はいったいどうすれば……!!
いいわマチ子
あなたがやるべき事を教えてあげる！

おすすめは登録番号を取得しつつも簡易課税にして請求書の計算をシンプルにすることです
別途届出は必要
メリット①
消費税をまとめて定数で計算
これだと消費税を払うダメージには耐えなきゃいけないけどその事務に浪費する時間を少なくできるわ
しかもなんと簡易課税ならインボイスの保存義務がない！
メリット②
7年の保存義務なし
致命傷には
ならない……？
あむ
あむ
インボイス制度を「無傷でやり過ごそう」とすることで
逆に
致命的なリスクを背負ってはいけません
免税

耐えられる傷を自分で見極めて
選べ……と!?
生き延びるために
主役にピンチはつきもの！決めるのはあなたよマチ子！
ぐすん……
たしかに年貢のオサメどきかもしれない……
免税事業者は最小のダメージを見極めよう！

Section 01

インボイス制度が始まると免税事業者はどうなってしまう？

免税事業者のままでは取引先に迷惑がかかる……？

これまでの免税事業者は、消費税の納税について気にしなくてもよい立場でした。インボイス制度を機に適格請求書を発行できる課税事業者になるか免税事業者のままでいるかと騒がれていますが、あくまで事業主が自由に選択してよいとされています。しかし、買い手に課税事業者が多い免税事業者であれば、仕事が減ってしまうのではないかという不安になることもあるはずです。

買い手からすれば、仕入税額控除が適用されない免税事業者からの仕入れはコストアップです。たとえ仕入れがコストアップになったとしても、これまでと変わらない取引ができることも十分あり得ますが、同等の品質が提供されるのであれば、適格請求書を発行できる事業者の方に依頼するようになってしまう可能性も否定できません。

P48のスケジュールのところでは、制度開始から6年間は適格請求書がなくても仕入税額控除ができる（ただし、段階的に控除割合は減ります）と説明しました。ですからすぐに仕事が減ると決まったわけではありません。でも、どちらにせよ買い手となる取引先に負担がかかることには変わりありません。

課税事業者も免税事業者も一長一短

これまで消費税をそのまま収入にできていた免税事業者にとっては、課税事業者になることで消費税の納税義務が発生しますので、その分収入が減ってしまいます。さらに課税事業者になることで、それまで不要だった事務作業や経理作業なども増えます。だからといって免税事業者のままの方がいいかといえば、それも微妙なところです。繰り返しになりますが、免税事業者からの仕入れは買い手にとってコストアップになりますし、買い手が複数の様式の請求書を処理しなければならなくなるため事務負担を増やすことにもなるからです。

免税事業者からの仕入れはコストアップになる

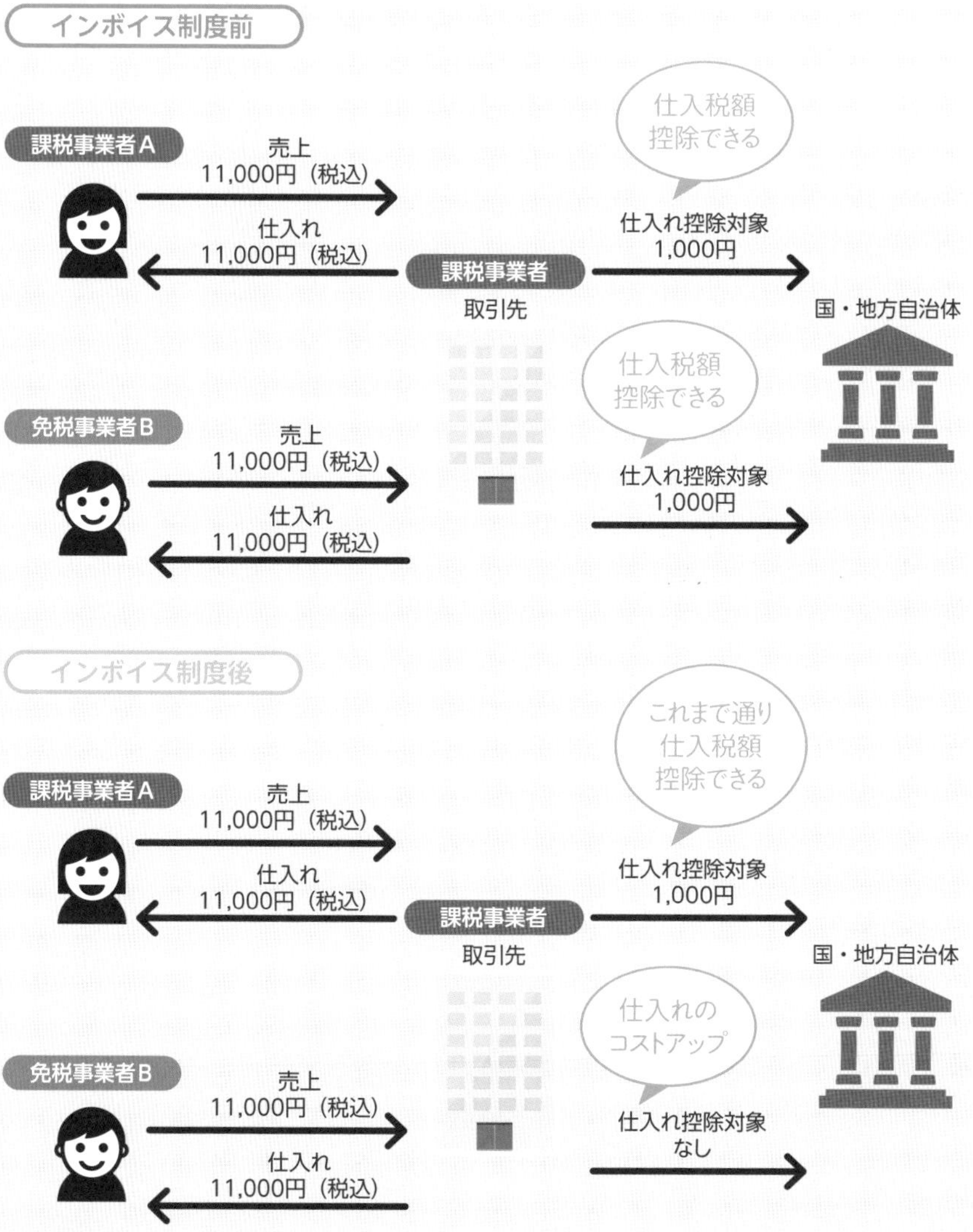

まとめ

免税事業者の中には制度を機に課税事業者になる人もいますが、選択はよく考えてから。

Section

02 課税事業者になるリスクって？

「益税」は諦めて課税事業者になるとどうなるの？

前項でお伝えしたように免税事業者がインボイス制度を機に課税事業者になるのも免税事業者のままでいるのも、どちらも一長一短です。どちらを選択するのかはあくまでも事業者自身で決めてよいとされていますから、事業の状況や今後のこと、取引先との関係性などを考慮した上で決めてください。その際の参考として、ここでは課税事業者になるリスクについて整理してみましょう。

課税事業者になるリスクとして考えられることは、大きく2つあり「益税として受け取っていた分の収入が減ること」と「事務仕事が増えること」です。

仮にここに、毎年平均の課税売上が８８０万円（税込み）のデザイナーがいるとします。このデザイナーが免税事業者だった場合、益税として受け取れる金額は80万円です。でも、課税事業者になると、この80万円は納税の対象になってしまいます。

しかし、課税事業者になれば仕入税額控除があるので、経費の支払いの際にかかった消費税は控除することができます。とはいえ、デザイナーのようにそれほど経費がかからない職業の人の場合は控除できるといっても微々たるものです。仮に1年でかかった経費が50万円だったとしても、その分の消費税は5万円。80万円－5万円＝75万円は消費税として納付しなければなりません。

仕入税額控除ができれば消費税の納付額を減らせることは間違いありませんが、事業者によってはメリットにならないこともあります。また、もうひとつ課税事業者になるリスクとして「事務仕事が増えること」を挙げました。仕入税額控除を受けるためには、適格請求書の保存や帳簿への記載、消費税の計算など、免税事業者の頃にはなかった事務仕事が増えます。経理担当がいる会社であれば対応も可能かもしれませんが、個人事業主やフリーランスのように1人ですべてを行わなければならない場合はかなりの負担になります。

課税事業者になるリスクは大きく2つある

免税事業者 → 課税事業者

①益税がなくなることで、収入が減ってしまう
②適格請求書等の交付・保存など事務仕事が増える

シミュレーションしよう

課税売上高800万円、課税仕入れ50万円のデザイナー（免税事業者）の場合

免税事業者のとき		インボイス後、課税事業者になると	
売上高	880万円（うち消費税80万円）	売上高	880万円（うち消費税80万円）
仕入高	55万円（うち消費税5万円）	仕入高	55万円（うち消費税5万円）
		消費税納付額	75万円

免税事業者のとき	インボイス後、課税事業者になると
収入 880万円－55万円＝825万円	収入 880万円－55万円－75万円＝750万円
825万円が収入	**750万円が収入**
△175万円	**△150万円**
650万円	**600万円**

総合すると50万円の負担

簡易課税制度 ➡ P52

負担軽減措置 ➡ P42

まとめ

課税事業者なら仕入税額控除ができますが、そもそも経費が少ない事業者にはメリットが少ないです。

Section

03 課税事業者から免税事業者に戻れるの？

免税事業者に戻ることは可能

インボイス制度を機に課税事業者になった後で、やはり免税事業者に戻りたくなった場合は、手続きさえ行えば免税事業者に戻ることができます。

適格請求書発行事業者となるために課税事業者になった事業者が免税事業者に戻る時は、適格請求書発行事業者の登録を取り消すための手続きと、課税事業者をやめるための２つの手続きが必要になります。

適格請求書発行事業者の登録をやめるとき

適格請求書発行事業者をやめるときは、所轄の税務署に**適格請求書発行事業者の登録の取消しを求める旨の届出書**を提出することで、取り消すことができます。

登録の取消しは翌課税期間の初日から起算して15日前までに提出すれば翌課税期間の初日から登録の取消しが可能になります。例えば、ある年の10月に届出書を提出した個人事業主の場合、個人事業主の課税期間は1月1日から12月31日までですから、翌年の1月1日から効力がなくなることになります。万が一15日前までの提出に間に合わなかった場合は、翌々期の取り消しです。

ちなみに登録を受けたのが２０２４年1月以降だった場合は、2年間は免税事業者に戻れません。事業者登録の日によって戻れる日が変わるので注意してください。

課税事業者の登録をやめるとき

課税事業者をやめるには、**消費税課税事業者選択不適用届出書**を適用したい課税期間の初日の前日までに提出しなくてはなりません。

ただし、適格請求書発行事業者になる際に適格請求書発行事業者の登録申請書のみを提出して課税事業者になった場合は、この書類を提出する必要はありません。課税事業者選択届出書を提出して課税事業者になった人のみ、２つの書類を提出します。

課税事業者から免税事業者に戻るとき

課税事業者 → 免税事業者

①適格請求書発行事業者の登録の取り消しを求める旨の届出書を提出

②消費税課税事業者選択不適用届出書を提出

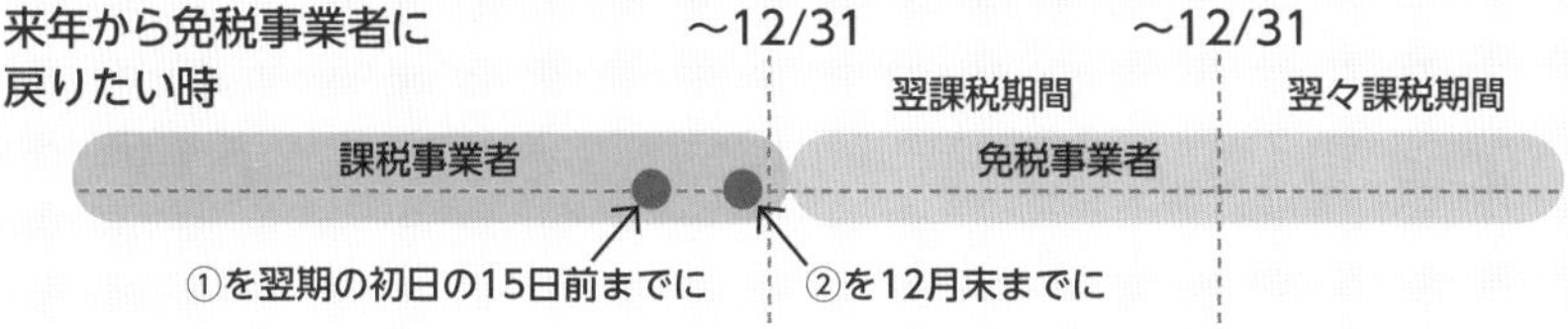

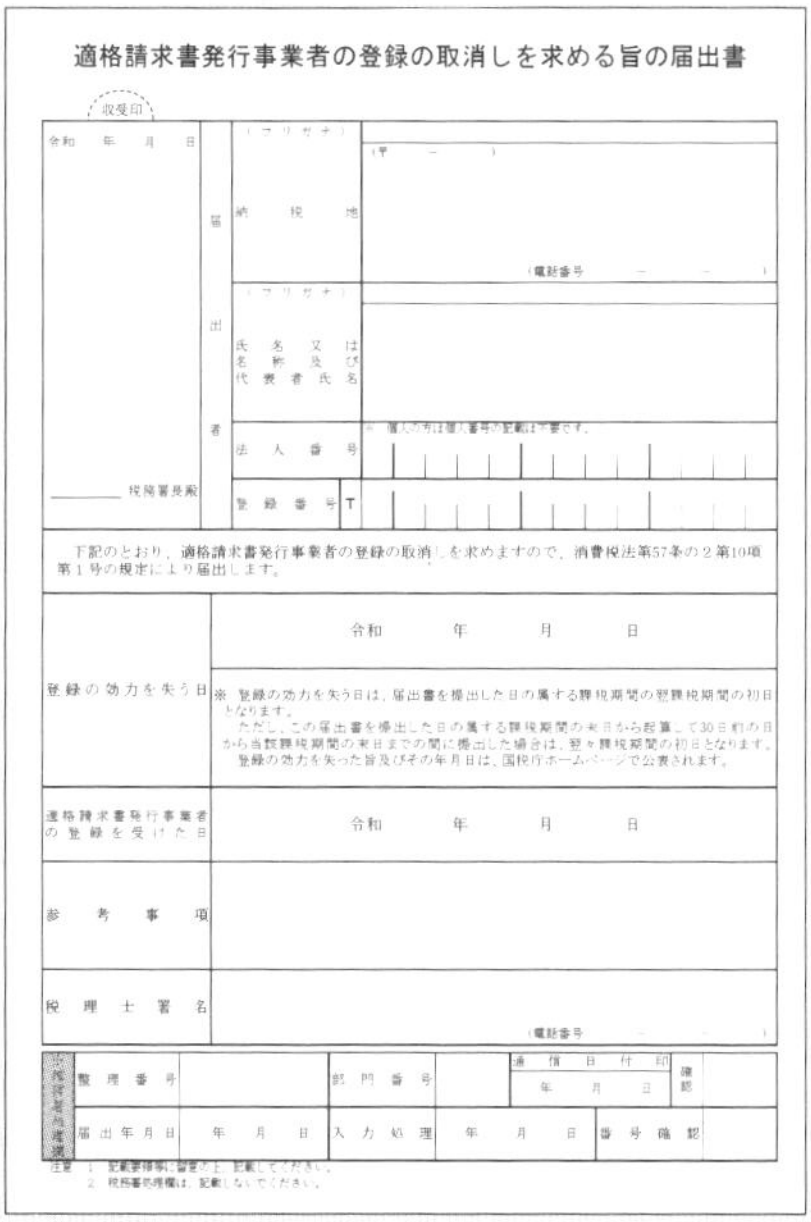

適格請求書発行事業者の登録の取消しを求める旨の届出書

収受印

令和　年　月　日

税務署長殿

届出者：（フリガナ）納税地（〒　－　）（電話番号　－　－　）／（フリガナ）氏名又は名称及び代表者氏名／法人番号（※ 個人の方は個人番号の記載は不要です。）／登録番号 T

下記のとおり、適格請求書発行事業者の登録の取消しを求めますので、消費税法第57条の２第10項第１号の規定により届出します。

登録の効力を失う日	令和　年　月　日
	※ 登録の効力を失う日は、届出書を提出した日の属する課税期間の翌課税期間の初日となります。ただし、この届出書を提出した日の属する課税期間の末日から起算して30日前の日から当該課税期間の末日までの間に提出した場合は、翌々課税期間の初日となります。登録の効力を失った旨及びその年月日は、国税庁ホームページで公表されます。
適格請求書発行事業者の登録を受けた日	令和　年　月　日
参考事項	
税理士署名	（電話番号　－　－　）

税務署処理欄：整理番号／部門番号／通信日付印　年　月　日／確認／届出年月日　年　月　日／入力処理　年　月　日／番号確認

注意　1．記載要領等に留意の上、記載してください。
2．税務署処理欄は、記載しないでください。

適格請求書発行事業者の登録の取り消しを求める旨の届出書

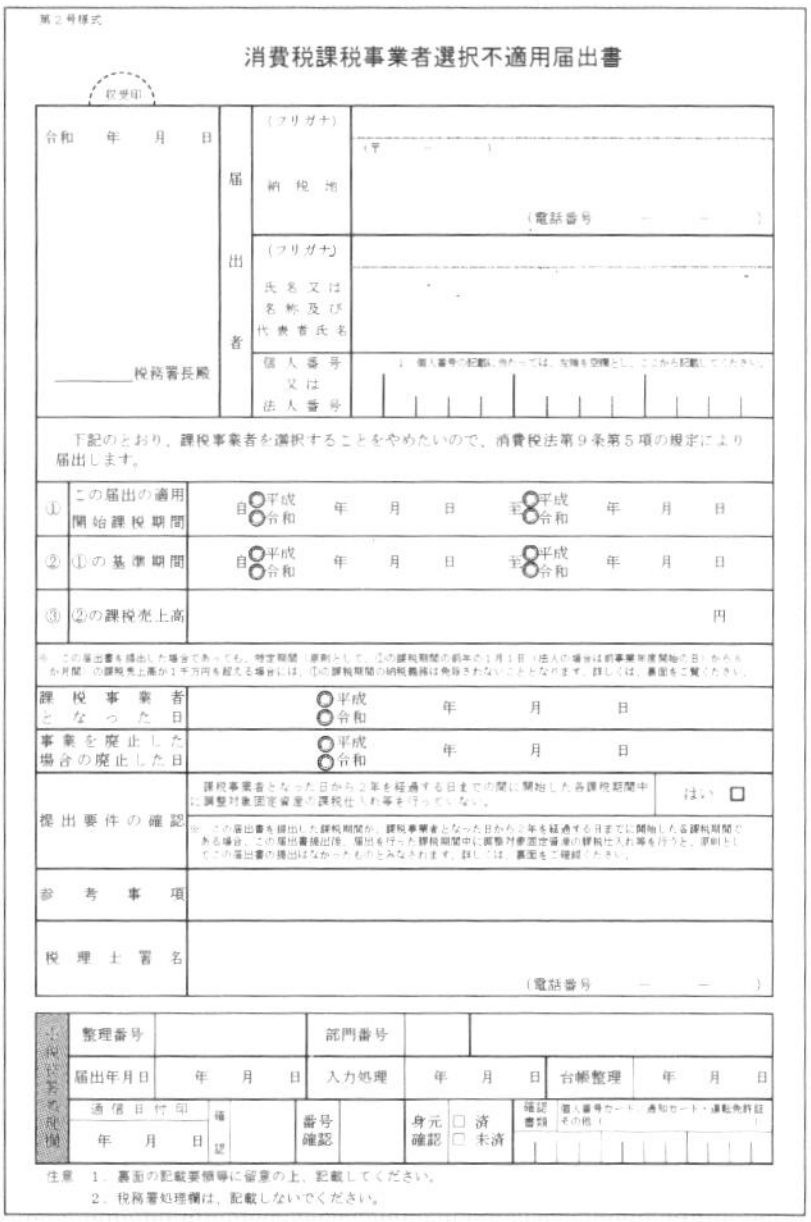

第２号様式

消費税課税事業者選択不適用届出書

収受印

令和　年　月　日

税務署長殿

届出者：（フリガナ）納税地（〒　－　）（電話番号　－　－　）／（フリガナ）氏名又は名称及び代表者氏名／個人番号又は法人番号

下記のとおり、課税事業者を選択することをやめたいので、消費税法第９条第５項の規定により届出します。

①	この届出の適用開始課税期間	自 平成／令和　年　月　日　至 平成／令和　年　月　日
②	①の基準期間	自 平成／令和　年　月　日　至 平成／令和　年　月　日
③	②の課税売上高	円
課税事業者となった日		平成／令和　年　月　日
事業を廃止した場合の廃止した日		平成／令和　年　月　日
提出要件の確認		課税事業者となった日から２年を経過する日までの間に開始した各課税期間中に調整対象固定資産の課税仕入れ等を行っていない。　はい □
参考事項		
税理士署名		（電話番号　－　－　）

税務署処理欄：整理番号／部門番号／届出年月日　年　月　日／入力処理　年　月　日／台帳整理　年　月　日／通信日付印　年　月　日／確認／番号確認／身元確認 □済 □未済

注意　1．裏面の記載要領等に留意の上、記載してください。
2．税務署処理欄は、記載しないでください。

消費税課税事業者選択不適用届出書

※2023年10月1日の属する課税期間外に課税事業者になると2年間は免税事業者に戻れません

まとめ

登録のタイミングによって、手続きが異なるので注意してください。

Section

04 取引先に課税事業者が多い場合

取引先となる事業者の割合から考えてみよう

免税事業者にとって、課税事業者になるのも免税事業者のままでいるのも、どちらもメリットデメリットがあり、なんとも決め難いものです。そこで決め方の一つとして本書でおすすめしたいのは、どのような取引先が多くを占めているのかによって決める方法です。

適格請求書発行事業者登録をするのが無難

免税事業者にとっておそらく最も多いパターンは、取引先の多くが課税事業者で自分は免税事業者というパターンです。その場合、課税事業者である取引先からすると、おそらく**「これまで通りに仕事はお願いしたいけど、仕入税額控除はしたい」**と考えるでしょう。

ここで免税事業者側としてできる対応は、3つあります。1つは、これまで通りに消費税を加えた金額を請求する方法。次に、免税事業者として、請求額から消費税額分を差し引くなどして交渉する方法。3つ目は、自分が課税事業者・適格請求書発行事業者となり、納税していなかった消費税を納税する方法です。

1つ目を選択した場合に考えられるのは、将来的にライバルに仕事をとられてしまう可能性です。課税事業者側が「同じ品質のものが納品されるのであれば、仕入れコストが安いほうに依頼しよう」と考えるのは自然な話です。ただ、取引先にとって貴重な存在となっていれば、これまでと何も変わらなくてもやっていけるかもしれません。

2つ目の場合は、取引先との交渉によってはOKしてくれる場合もあるでしょう（ただし買い手となる課税事業者側から交渉することはしてはいけないことになっています）。

3つ目は、収入は減ってしまいますが、新しい制度に則っていることから肩身の狭い思いをしなくてもよくなります。

取引先に課税事業者が多い場合

自分
免税事業者

これまで通り
仕事はお願いしたい
でも
仕入税額控除が
できないのは……

→

取引先
課税事業者

これまで通り
仕事はお願いしたい
でも
仕入税額控除が
できないのは……

①これまで通りの対応を続ける（免税事業者のまま消費税も請求）
②消費税分は請求しない
③適格請求書発行事業者になりこれまで通り。消費税の納税義務は発生。

課税売上高800万円、課税仕入れ50万円のデザイナー（免税事業者）の場合

免税事業者のとき

売上高　880万円（うち消費税80万円）
仕入高　55万円（うち消費税5万円）

880万円－55万円＝825万円
825万円が収入

免税事業者のまま
消費税分を引いて請求

売上高　800万円（税抜）
仕入高　55万円（うち消費税5万円）

800万円－55万円＝745万円
745万円が収入

インボイス後、課税事業者になると

売上高　880万円（うち消費税80万円）
仕入高　55万円（うち消費税5万円）
消費税納付額　75万円

880万円－55万円－75万円＝750万円
750万円が収入
※一般課税の場合

まとめ

免税事業者のまま消費税分を引いて請求するくらいなら、課税事業者になった方が収入は多くなるかも。

Section

05 取引先に免税事業者が多い場合

場合によっては、インボイス制度の影響がないことも

現在免税事業者で、インボイス制度が導入された後もほとんど影響を受けない事業者には、大きく2つのタイプがあります。1つは、ほぼすべての取引が非課税取引の事業者の場合。2つめは、ほぼすべての取引が消費者向けの取引である事業者の場合です。

非課税取引が多くを占める事業者の場合、もともと非課税取引を行っているのですから消費税を上乗せして請求されていないはずです。

また、消費者向けの取引が事業のほとんどを占めている場合も消費者は消費税を納税しないので、インボイス制度の影響をほとんど受けることがありません。

インボイス制度が導入されるにあたり、免税事業者が課税事業者になるかどうかを迷う理由のほとんどは、課税事業者が仕入税額控除をするために適格請求書の交付を求められる可能性があるからです。つまり、そもそも仕入税額控除などを行う必要のない消費者にとっては、インボイス制度はまったく無関係な話です。

自分が課税事業者になった場合

これまで免税事業者だった事業者がインボイス制度を機に課税事業者になる選択をした場合で、仕入れ先に免税事業者がいる場合は、自分が仕入税額控除を適用したくなる側になります。例えばフリーランスのデザイナーである自分が、他の免税事業者であるデザイナーに仕事をお願いする場合は仕入れとなります。この取引においてデザイナーから適格請求書の交付を求められない場合は、仕入れコストが増えることになってしまいます。

免税事業者によくあるのは自分が仕入れをされる側ばかりを考えてしまうことですが、自分が仕入れ側に立つこともあります。仕入れ先が課税事業者か免税事業者かによって仕入れコストが変わってきてしまうことを忘れず、**あらかじめよくシミュレーションしておきましょう。**

取引先に免税事業者が多い場合

自分
免税事業者

免税事業者向けの
ビジネスだから
消費税は関係ない！

→

取引先
消費者

消費税を負担するけど
納税はしないから
インボイス制度は
関係ない！

自分
課税事業者

免税事業者同士なら
気にならなかったけど
仕入税額控除できない
のは気になる……

→

取引先
免税事業者

課税事業者になって
欲しいと思われる
のかなあ？
仕事が続くといいけど……

①非課税取引の場合はそもそも消費税のことを考えなくてよい
②消費者を多く相手にする事業者も、これまで通りでよいことが多い
③自分が課税事業者になることで、仕入れコストが上がることがある

課税売上高800万円、課税仕入れ50万円のデザイナー（課税事業者）の場合

免税事業者のとき
売上高　880万円（うち消費税80万円）
仕入高　55万円（うち消費税5万円）

880万円－55万円＝825万円
825万円が収入

→ **インボイス後、課税事業者になると**
売上高　880万円（うち消費税80万円）
仕入高　55万円（うち消費税5万円）
消費税納付額　75万円

880万円－55万円－75万円＝750万円
750万円が収入
※一般課税の場合

→ **課税事業者になり**
仕入れ先が免税事業者の場合
売上高　880万円（うち消費税80万円）
仕入高　55万円（うち消費税5万円）
消費税納付額　80万円

880万円－55万円－80万円＝745万円
745万円が収入

まとめ

自分が課税事業者で仕入れ先に免税事業者が多い場合、納税と仕入れのコストアップで収入が減ります。

Section

06 適格請求書発行事業者×簡易課税の選択がベスト

インボイス制度には従い、最低限の事務負担で済ませる

ここまで取引先の割合別に対応を考える方法についてをお伝えしてきましたが、いずれにしてもP72で紹介したような状況でない限りは、免税事業者の影響は避けられないのがインボイス制度です。いくら課税事業者になるのが嫌だったとしても、これまで通りを貫けない限りは収入は減ることになっていきますから、もはや避けられないことだと言ってもいいかもしれません。

ただ、**そのダメージを少なくする方法があります。**

それは、簡易課税制度を選択するという方法です。簡易課税制度についてはすでに説明してきたのでおわかりだと思いますが、簡易課税制度を選択すると適格請求書の保存が不要になり、消費税計算もラクになります。簡易課税制度を選択することで、課税事業者としての消費税納税義務はありますが、この後で説明するように、一般課税を選択するよりかは納税額を抑えられる可能性があります。

課税事業者である取引先とこれまで通りの取引を続けるには、課税事業者を選択するしかないと諦めていた人でも、簡易課税を選択すれば、適格請求書も発行でき、かつ消費税の納税額も抑えられ、収入減のダメージを和らげることができるかもしれません。

簡易課税制度を選択すれば、収入減のダメージを少なくできることも

簡易課税制度を選択した方がいいかどうかの判断については、P54で紹介しました。ここでは、事例に基づいて実際にシミュレーションしてみましょう。

左の事例のように、年間の課税仕入れがそれほどない場合は、課税事業者を選択することのメリットがそれほど感じられず、免税事業者のままでいた方が良いのではと思いたくなりますが、わずかでもメリットを感じられることがあります。

インボイス事業者×簡易課税の組み合わせがおすすめ

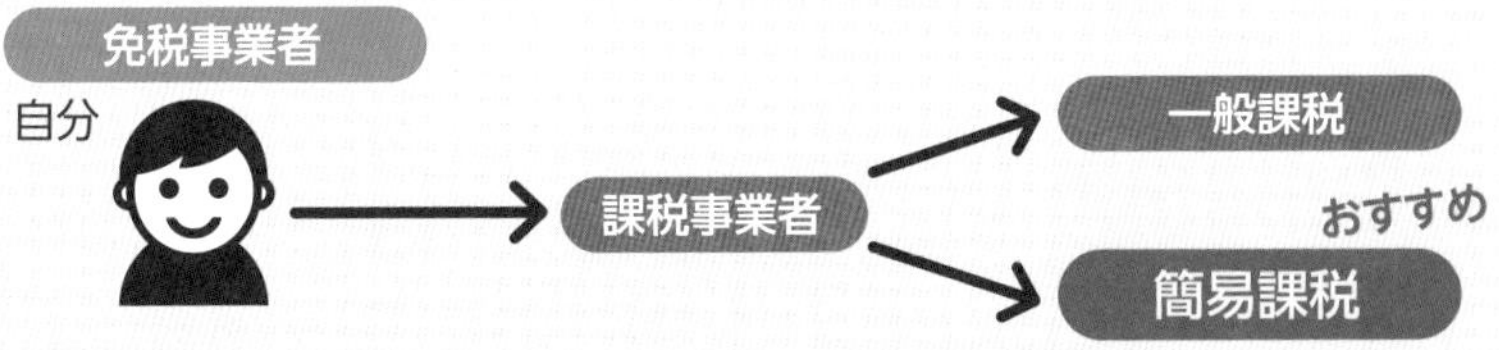

課税売上高800万円、課税仕入れ50万円のデザイナー（免税事業者）の場合

一般課税にすると

売上高　880万円（うち消費税80万円）
仕入高　55万円（うち消費税5万円）
消費税納付額　75万円

880万円－55万円－75万円＝750万円

750万円が収入

簡易課税にすると

売上高　880万円（うち消費税80万円）
仕入高　55万円（うち消費税5万円）
消費税納付額　40万円

※は第５種事業（サービス業）みなし仕入率は50%となる

880万円－55万円－40万円＝785万円

785万円が収入

※第4種シミュレーションP71

簡易課税制度を選択した場合の消費税納付額の計算

消費税額 ＝ 課税売上に係る消費税額 － 課税仕入れに係る消費税額（※みなし仕入率）

みなし仕入率

事業区分	みなし仕入率	該当する事業
第1種事業	90%	卸売業（他の者から購入した商品をその性質、形状を変更しないで他の事業者に対して販売する事業）をいいます。
第2種事業	80%	小売業（他の者から購入した商品をその性質、形状を変更しないで販売する事業で第1種事業以外のもの）、農業・林業・漁業（飲食料品の譲渡に係る事業）をいいます。
第3種事業	70%	農業・林業・漁業（飲食料品の譲渡に係る事業を除く）、鉱業、建設業、製造業（製造小売業を含みます。）電気業、ガス業、熱供給業及び水道業をいい、第1種事業、第2種事業に該当するものおよび加工賃その他これに類する料金を対価とする役務の提供を除きます。
第4種事業	60%	第1種事業、第2種事業、第3種事業、第5種事業および第6種事業以外の事業をいい、具体的には、飲食店業などです。なお、第3種事業から除かれる加工賃その他これに類する料金を対価とする役務の提供を行う事業も第4種事業となります。
第5種事業	50%	運輸通信業、金融・保険業、サービス業（飲食店業に該当する事業を除きます。）をいい、第1種事業から第3種事業までの事業に該当する事業を除きます。
第6種事業	40%	不動産業

まとめ

免税事業者にとっておすすめの選択は、制度には従い、消費税計算を簡易課税にするという方法です。

Section

07

2割特例について知ろう

簡易課税よりも節税になる2割特例

2023年度の税制改正で、インボイス制度の開始を前に2割特例という制度ができました。この2割特例は、インボイス制度を機に免税事業者から課税事業者になった事業者のために用意された制度で、売上税額の2割を消費税として納めればよいとするものです。

基本的な消費税の納税額の計算方法は、一般課税と課税課税があるとお伝えしてきましたが、ここに新しく2割特例が加わったと考えてください。

前項では、インボイス制度を機に適格請求書発行事業者になる免税事業者は、みなし仕入率を用いて計算する簡易課税の方が節税に繋がりやすいことをお伝えしましたが、この2割特例が適用されるのであれば、簡易課税よりも節税になります。ただし、この2割特例は期間限定の特例なのでずっと続く話ではありません。

2割特例のメリットとデメリット

2割特例は、節税以外にもメリットがあります。それは、インボイスの保管が必要ないということと、簡易課税のような事前の届出が不要で、申告のつど「一般課税か2割特例」もしくは「簡易課税か2割特例」などと選択できることです。今のところ2年縛りのようなルールもないので、とても便利な制度です。

しかし一方で、デメリットもあります。それは、インボイスを発行するために課税事業者になった事業者しか適用にならないことと、2026年12月末までの期間限定であること。それから、消費税を払い過ぎたとしても還付されないということです。

インボイス制度の施行前に課税事業者となった場合、インボイス制度の施行前の期間を含む申告は、2割特例の適用対象外です。2割特例を適用させるには2023年10月1日から課税事業者になるよう登録します。

2割特例ってどうなの？

メリット	デメリット
仕入れ（経費）が少ない業種は節税になる 事前の届出が不要 適格請求書の保存がなくてもよい	2023年10月1日から2026年12月31日までしか適用にならない インボイス制度によって課税事業者になった人しか使えない 消費税を払い過ぎていても還付を受けられない 2年前の課税売上高が1000万円以上だと使えない

課税売上高800万円、課税仕入れ50万円のデザイナー（免税事業者）の場合

一般課税にすると

売上高　880万円（うち消費税80万円）
仕入高　55万円（うち消費税5万円）
消費税納付額　75万円

880万円－55万円－75万円＝750万円

750万円が収入

簡易課税にすると

売上高　880万円（うち消費税80万円）
仕入高　55万円（うち消費税5万円）
消費税納付額　40万円

※は第５種事業（サービス業）みなし仕入率は50%となる

880万円－55万円－40万円＝750万円

785万円が収入

2割特例を使うと

※ただし2026年12月31日までの期間限定

売上高　880万円（うち消費税80万円）
仕入高　55万円（うち消費税5万円）
消費税納付額　16万円
※20%で良い

880万円－55万円－16万円＝809万円

809万円が収入

2割特例の期間が終わったら簡易課税にするのもあり

2023年10月1日　2027年1月1日

2割特例　簡易課税

課税事業者

まとめ

2026年まで2割特例が使えます。期間限定ですが収入減のダメージを少なくしたい人にはおすすめです。

Section

08 最初の消費税の確定申告はいつになるの？

消費税の確定申告はすぐやってくる!?

これまで免税事業者だった場合、今まで行ってこなかった**消費税及び地方消費税の確定申告**を行わなくてはなりません。「確定申告は今までもやっていたけど？」と思う人もいるでしょうが、免税事業者が行っている確定申告は、所得税の確定申告で消費税の確定申告ではありません。ですから、課税事業者になった場合は、毎年確定申告の時期に所得税の確定申告に加え消費税及び地方消費税の確定申告を行うようにしてください。

消費税の確定申告のタイミングは、免税事業者が課税事業者登録を行ったタイミングによって異なりますが、インボイス制度が始まる2023年10月1日から課税事業者になるように登録した場合は、2023年10月1日から消費税納税義務が発生しているため、**2024年1月1日～3月31日までに確定申告を行わなくてはなりません。**ちなみに通常の課税対象期間は1月1日～12月31日ですが、制度開始の年は、10月1日～12月31日が課税対象期間です。つまり、9月30日までに行われた課税取引があっても、その期間は免税事業者なので関係ないということです。

消費税が支払えない時はどうなってしまう？

インボイス制度を機に課税事業者になる人は、いつもはやらない消費税の確定申告の存在を忘れてしまうことのないように気をつけてください。課税事業者が法廷納付期限までに消費税の確定申告と納付を行わなかった場合、ペナルティがあります。そのペナルティとは、**無申告加算税**と**延滞税**というものです。

「無申告加算税」は、法廷納付期限が過ぎたあとに自主的に申告があれば、納付税額の**5%**が加算されます。「延滞税」は、法廷納付期限から実際に納付するまでの期間にわたり、**2～3%（年率）加算**されることがあります。

消費税の支払いはいつから始まる？

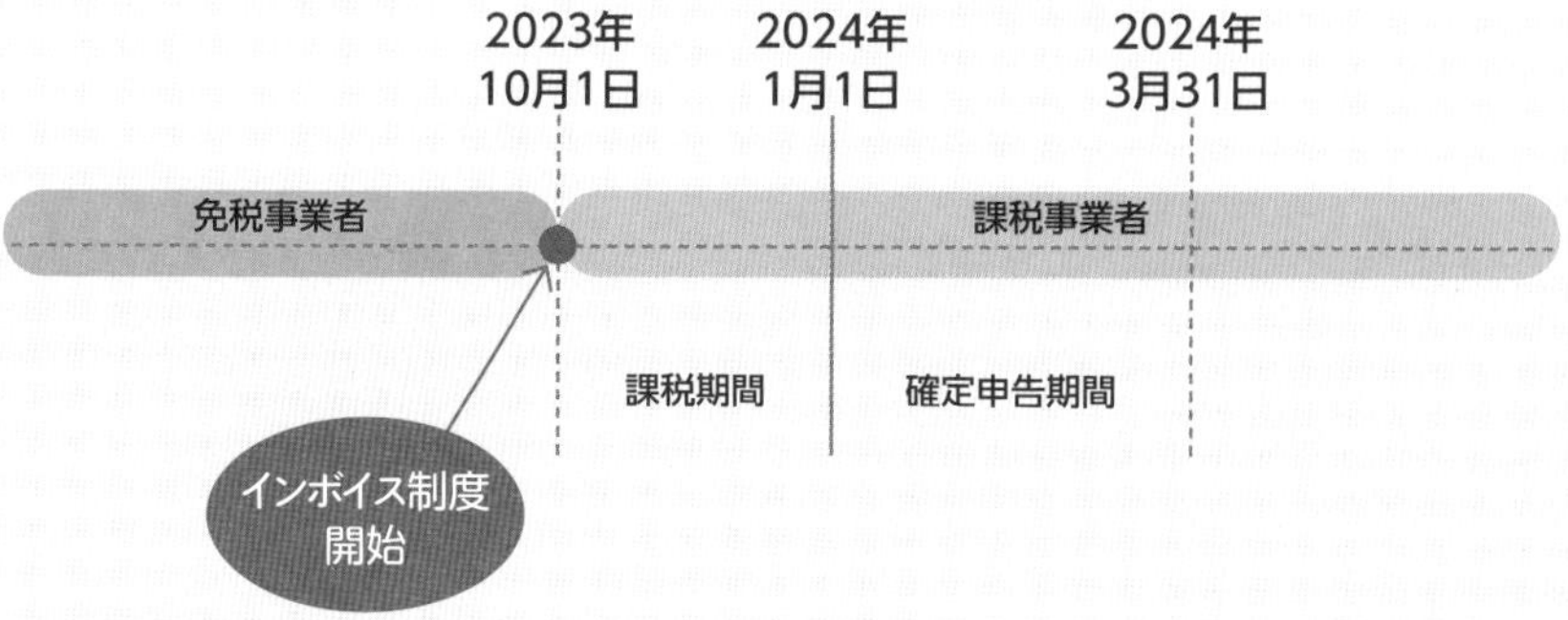

消費税はどうやって納付すればいい？

金融機関の預貯金口座から振替納税する

ダイレクト納付（e-Taxによる口座振替）を利用して納付する

インターネットバンキングやATMを利用して納付する

クレジットカードを利用して納付する

スマートフォンアプリを利用して納付する

QRコードによりコンビニエンスストアで納付する

現金で納付する

まとめ

インボイス制度後の最初の消費税の納付時期は2024年です。

Column

課税事業者になると、補助金の額が増える!?

補助金にはいろいろな種類がありますが、そのうちのひとつに「小規模事業者持続化補助金」があります。この補助金は小規模事業者が販路開拓を行う際に、最大200万円（※条件あり。通常枠は50万円が上限）までの補助が受けられるというものです。

この小規模事業者持続化補助金には「インボイス特例」というものがあり、インボイス制度に対応するために課税事業者になった事業者であれば、上限50万円までさらに追加で補助を受けることになっています。

ちなみに補助対象費となるのは、機械装置等費、広報費、ウェブサイト関連費、展示会等出展費（オンラインによる展示会・商談会等を含む）、旅費、開発費、資料購入費、雑役務費、借料、設備処分費、委託・外注費です。

特に広報費やウェブサイト関連費などは、事業主にとって大切な集客力に関連する費用でもありますし、これを機に新しくホームページを作るということもできそうです。致し方なくでも課税事業者になるのであれば、このような補助金制度を活用し少しでも経費負担を抑えられるようにするのもアリです。

ただし、補助金は後払い制であることの他にも、申請要件などが多々ありますから、詳しくはホームページなどで確認してください。

商工会議所地区 小規模事業者持続化補助金
https://r3.jizokukahojokin.info/index.html

Chapter
4

適格請求書発行事業者になる準備をしよう

現状を整理した免税事業者
登録申請する？
簡易課税を利用する？
現在の取引を見直す？
うーん
し……
正直払いたくない！
やっぱり消費税を払いたくない！
腹をくくれない
は……っ払いたくない
ないよぅ
1人でずっとがんばってきたのに……
褒めてほしいなんて言わないのに……！
要するに消費税払いたくないよ！

姉さん……
マチ子……
少なくとも うちの 会社は インボイスを 発行できない 免税事業者 との取引を 控えていく
ぼくは そう思う
ライター
切り捨て御免！
出版社
姉は「ぼっち」になるかも しれない
あんなに やる気は あるのに
要するに 消費税を 払いなさい 姉さん！
だ……
だけど 相手のために 消費税を 納めることは わかっちゃったし
「取引先の 立場で考える」
登録の仕方を 確認したい……
もう一回 教えてくれる ススム……？

それでは
登録申請の方法は郵送・持参・e-Taxの中から選択しましょう
特に電子申請！
これは思いのほか簡単です！
MACHIKO
申請方法は3種類
郵送
持参
e-Tax
電子
簡易課税は届出が別途必要
適格請求書発行事業者の登録申請書
消費税簡易課税制度選択届出書
ちなみに初年の申請期限は既に過ぎましたが
大丈夫！
うっかり屋さんのために2023年9月末までに申請すればOKになりました
※当初の申請締切は2023年3月末
そういうとこは寛大なんだね……

登録完了！
無事に登録されると国税庁の公表サイトから事業者の情報が検索できるようになっているはず！
取引先もここで確認
適格請求書発行事業者公表サイト
ホーム（登録番号を検索）
お知らせ
ご利用ガイド
ダウンロード Web-API
登録番号とは
よくある質
町野 マチ子 の情報
最新情報
登録番号
T1234567891234
氏名又は名称
町野 マチ子
登録年月日
令和○年○月○日
ちなみに本名の公開は必須よ！
氏名又は名称
町野 マチ子
地味に一番嫌かもしれない
ペンネーム「まちょまちょ」を屋号にして活動
どうしてもペンネームを使いたければ
本名と併記ならOKよ！
より恥ずかしい！
心の準備ができたら書類の準備を！

Section 01

準備の流れを知ろう

適格請求書発行事業者になる流れ

①まずは課税事業者か免税事業者になるかを選ぶ

適格請求書を発行するには課税事業者にならなくてはなりません。ですからまずは、適格請求書を発行できる課税事業者になるか免税事業者になるかを決めてください。

②どの課税制度を使うかを決める

課税事業者になると決めたら、次にどの課税制度を使うかを決めます。課税制度には、一般課税と簡易課税の他に、インボイス制度の特例として2割特例（Ｐ76）があります。2割特例や一般課税なら事前申請は不要ですが、簡易課税制度を使う場合は事前に申請が必要です（簡易課税制度の申請方法はＰ52）。

ただし、2割特例も簡易課税制度も、選択できる事業者の条件があります。2割特例の場合は、インボイス制度を機に課税事業者を選択する事業者のみに適用され、簡易課税制度は年間の課税売上高が５０００万円以下の事業者しか選択できません（その他の簡易課税制度における条件についてはＰ52でも解説しています）。

事業の先行きを予測するのは簡単なことではありませんが、よく考えた上で選択しましょう。

③事業者登録をする

課税事業者になると決めたら、適格請求書発行事業者になるための登録手続きを行なってください。

登録手続きの方法はＰ88で説明しますが、この手続きはすべての課税事業者が行うものです。手続きを行わなければ適格請求書を発行することができないので注意してください。

④事業者登録通知書がきたら、しっかり保管する

登録手続きが済んだら、事業者登録通知書が届きます。それらは、取引先などに適格請求書発行事業者であることを伝えるために必要になりますので、大切に保管しておきましょう。

準備の流れ

①決める	課税事業者になる
②適用する課税制度を決める	一般課税 / 簡易課税
③事業者登録をする	「適格請求書発行事業者の登録申請書」を書いて提出
④取引先へ伝える	登録通知書が届いたら、取引先などを連絡（連絡を求められている場合）

まとめ

インボイスを発行するための手続きをラクにするなら早めの申請がおすすめです。

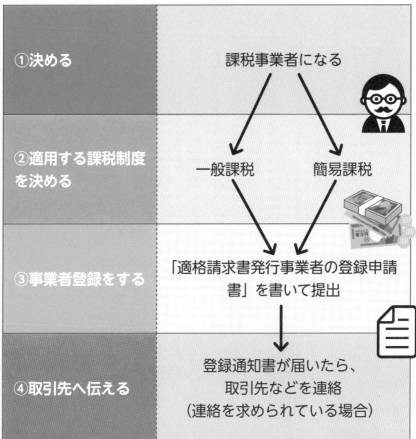

Section

02 適格請求書発行事業者登録をしよう

適格請求書発行事業者の登録申請書を作成しよう

課税事業者になり適格請求書を発行すると決めた人は、「適格請求書発行事業者の登録申請書」の一点のみを提出するだけで事業者登録ができます。

本来、免税事業者が適格請求書発行事業者になるための手続きは、「適格請求書発行事業者の登録申請書」に加え、「消費税課税事業者（選択）届出書」が必要になります。

というのも、適格請求書が発行できるのは課税事業者のみですから、免税事業者の場合はまず課税事業者としての登録を済ませてからでないと、適格請求書が発行できる事業者として認められないからです。

ただし、経過措置期間中に登録する場合は、適格請求書発行事業者の登録申請書を1枚で課税事業者登録も同時に済ませられます。

経過措置期間中でも特に2023年12月31日までに登録しておくと、免税事業者に戻る時の2年しばりの対象外になるのでおすすめです。

また、制度の導入開始からすぐに適格請求書を発行できるようにしたい事業者もいると思います。その場合、本来は2023年3月31日までに事業者登録を済ませておかなければなりませんでした。ですが、結局経過措置の期間が設けられることになったので、2023年9月30日までに申請すればよいことになりました。経過措置の期間を過ぎると、手続きの負担だけでなく2年しばりなども発生することがあります。

登録手続きの方法は3種類。オンラインがおすすめ

適格請求書発行事業者登録の方法は、郵送か税務署の窓口へ持参する方法、またはe-TAXでオンライン申請する3つの方法があります。

郵送や税務署へ持参するのも良いですが、今後、**電子帳簿保存法**が本格的にスタートすることを見越して、オンライン申請しておくことをおすすめします。

適格請求書発行事業者の登録申請書の書き方

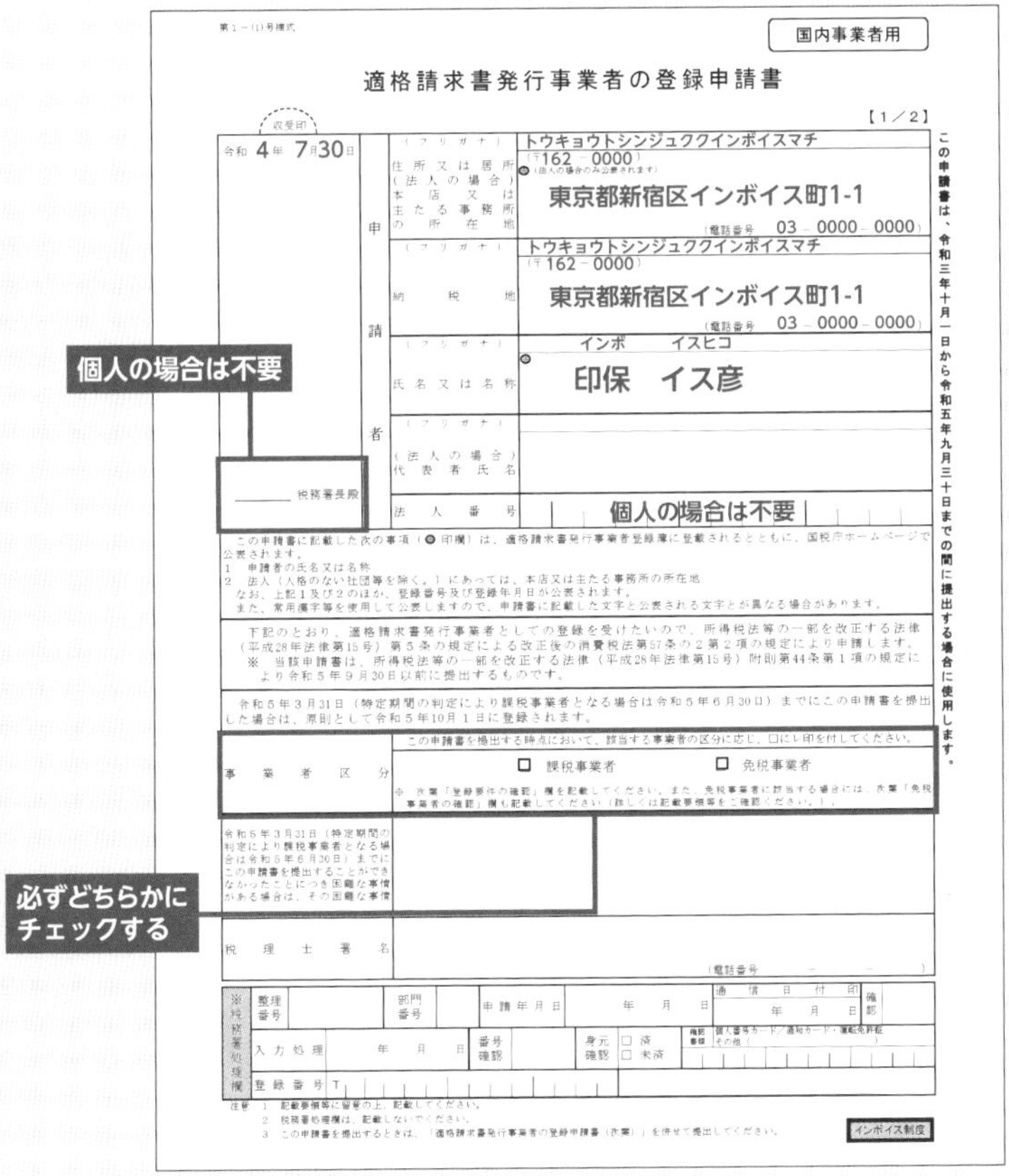
個人の場合は不要
必ずどちらかに
チェックする

第1－(1)号様式

国内事業者用

適格請求書発行事業者の登録申請書

【1／2】

収受印

令和 4年 7月30日

＿＿＿＿ 税務署長殿

申請者	(フリガナ)	トウキョウトシンジュククインボイスマチ
	住所又は居所（法人の場合）本店又は主たる事務所の所在地	(〒162－0000) ◎（法人の場合のみ公表されます）東京都新宿区インボイス町1-1 （電話番号 03－0000－0000）
	(フリガナ)	トウキョウトシンジュククインボイスマチ
	納税地	(〒162－0000) 東京都新宿区インボイス町1-1 （電話番号 03－0000－0000）
	(フリガナ)	インボ　イスヒコ
	氏名又は名称	◎ 印保　イス彦
	(フリガナ)	
	（法人の場合）代表者氏名	
	法人番号	個人の場合は不要

この申請書に記載した次の事項（◎印欄）は、適格請求書発行事業者登録簿に登載されるとともに、国税庁ホームページで公表されます。
1　申請者の氏名又は名称
2　法人（人格のない社団等を除く。）にあっては、本店又は主たる事務所の所在地
なお、上記1及び2のほか、登録番号及び登録年月日が公表されます。
また、常用漢字等を使用して公表しますので、申請書に記載した文字と公表される文字とが異なる場合があります。

下記のとおり、適格請求書発行事業者としての登録を受けたいので、所得税法等の一部を改正する法律（平成28年法律第15号）第5条の規定による改正後の消費税法第57条の2第2項の規定により申請します。
※　当該申請書は、所得税法等の一部を改正する法律（平成28年法律第15号）附則第44条第1項の規定により令和5年9月30日以前に提出するものです。

令和5年3月31日（特定期間の判定により課税事業者となる場合は令和5年6月30日）までにこの申請書を提出した場合は、原則として令和5年10月1日に登録されます。

事業者区分	この申請書を提出する時点において、該当する事業者の区分に応じ、□にレ印を付してください。 □ 課税事業者　□ 免税事業者 ※　次葉「登録要件の確認」欄を記載してください。また、免税事業者に該当する場合には、次葉「免税事業者の確認」欄も記載してください（詳しくは記載要領等をご確認ください。）。
令和5年3月31日（特定期間の判定により課税事業者となる場合は令和5年6月30日）までにこの申請書を提出することができなかったことにつき困難な事情がある場合は、その困難な事情	
税理士署名	（電話番号　－　－　）

※税務署処理欄	整理番号		部門番号		申請年月日	年　月　日	通信日付印 年　月　日	確認	
	入力処理	年　月　日	番号確認		身元確認	□ 済 □ 未済	確認書類 個人番号カード／通知カード・運転免許証 その他（　）		
	登録番号	T							

注意　1　記載要領等に留意の上、記載してください。
2　税務署処理欄は、記載しないでください。
3　この申請書を提出するときは、「適格請求書発行事業者の登録申請書（次葉）」を併せて提出してください。

インボイス制度

この申請書は、令和三年十月一日から令和五年九月三十日までの間に提出する場合に使用します。

用語解説 e-TAX

国税庁が運営する、国税に係る申告・申請・納税などを行うオンラインサービスのこと

用語解説 電子帳簿保存法

各税法で保存が義務付けられている帳簿・書類などを、電子データで保存する時のルール等を定めた法律のこと

まとめ

登録するなら、経過期間内に登録すれば2年しばりがなく手続きもラクです。

Section

03 登録完了はどうやって知るの？

登録通知書が届いたら、適格請求書発行事業者に

　前項で説明した3つのいずれかの方法で事業者登録を済ませると、税務署の審査を経て、適格請求書発行事業者として登録がなされます。登録が完了すれば**登録通知書**が送られてきますので、大切に保管しておいてください。

　登録通知書は紙または電子データで送られてきます。ちなみに電子データで送られてくる場合は、登録申請をe-TAXで行い、通知方法を電子データで希望した場合のみです。注意してください。

　登録通知書には、登録年月日や登録番号、氏名などが記載されています（左図）。登録番号は、適格請求書発行事業者であることを証明する番号です。インボイス制度導入後はこの番号が必要になります。また、取引先から事業者番号の提示を求められている場合は、この番号を通知するようにしてください。

インボイスはいつから発行できるのか

　さて、適格請求書発行事業者として登録できた後、実際にいつから適格請求書を発行できるようになるのでしょうか。

　適格請求書が発行できるのは、税務署が適格請求書発行事業者として登録した「登録日」からです。登録日は、登録通知書に記載がありますので、通知書が届いたら確認してみましょう。

　ちなみに、登録日は申請時に選ぶことができます。2023年10月1日から適格請求書発行事業者として登録する場合は記載不要ですが、それ以外の日で登録したい場合は、希望の年月日を記載します。また免税事業者から課税事業者として適格請求書発行事業者の登録をする場合で、2023年度中は免税事業者で過ごし、2024年から課税事業者になる場合は、その旨も記載します。

申請方法は3通り

通知書はどういうも？の

<登録通知データの表示イメージ>

納税地	100-0013 東京都千代田区霞が関3-1-1
氏　名	国民　太郎　　殿

東局イ特　第　1　号

令和 4 年 11 月 1 日

麹町　　税務署長
財務事務官
税務署　一郎

適格請求書発行事業者の登録通知書

あなたから令和4年10月1日付で提出された適格請求書発行事業者の登録申請に基づき、以下の通り登録しましたので、通知します。

登録年月日	令和5年,10月1日
登録番号	T3123459789123
氏名	国民　太郎
	以下余白

これが登録番号

T＋13桁
(個人や法人番号のない場合)

T＋法人番号
(法人番号がある場合)

まとめ

登録には時間がかかるため、登録したい時期があるなら2週間以上前に準備しておきましょう。

Section

04

登録日によっては2年間は免税事業者に戻れない!?

免税事業者からの登録は2年しばりに要注意

インボイス制度を機に課税事業者になることを検討している事業者の中には「とりあえず登録して、状況次第で免税事業者に戻ろう」と考えている人もいると思います。Ｐ68で説明したように、一度登録したからといってやめられないわけではなく、適格請求書発行事業者の登録の取消しも、課税事業者をやめることもできるので安心してください。ですが、一旦課税事業者を選択すると2年は課税事業者を続けなければならないというルールがあります。ただ例外もあり、免税事業者が２０２３年10月1日の属する課税期間（２０２３年中）に事業者の登録をした場合には、2年しばりの適用がありません。つまり、やっぱり課税事業者をやめたいと思ったら、手続きの期限さえ守れば翌課税期間から免税事業者に戻ることができるのです。例えば２０２３年12月31日までの登録であれば2年しばりがありませんが、２０２４年1月1日に登録申請書を提出して課税事業者になった場合は、**2年しばり**があります。やめたいと思っても、登録日次第ではすぐにやめられないので注意してください。

ちなみに、登録を取消したい場合は、翌課税期間の初日から15日前までの手続きが必要です。

消費税を節約するなら、2023年中に登録しよう

２０２３年中の登録をおすすめするのは、2年しばりを避ける意味だけでなく消費税の節約にもつながるからです。前項でも触れたように、２０２４年以降の登録は2年しばりのルールが発生します。ということは、課税事業者をやめることができないので消費税の納税義務が発生するという意味でもあります。

課税事業者をやめるつもりがないなら気にしなくてもいいことですが、もしかしたらやめるかもしれないと迷っているのであれば、2年しばりのない経過期間中に登録を済ませる方が、損をせずにすみます。

インボイスの事業者登録の日に注意しよう

経過措置の期間　2023年10月1日～2029年12月31日

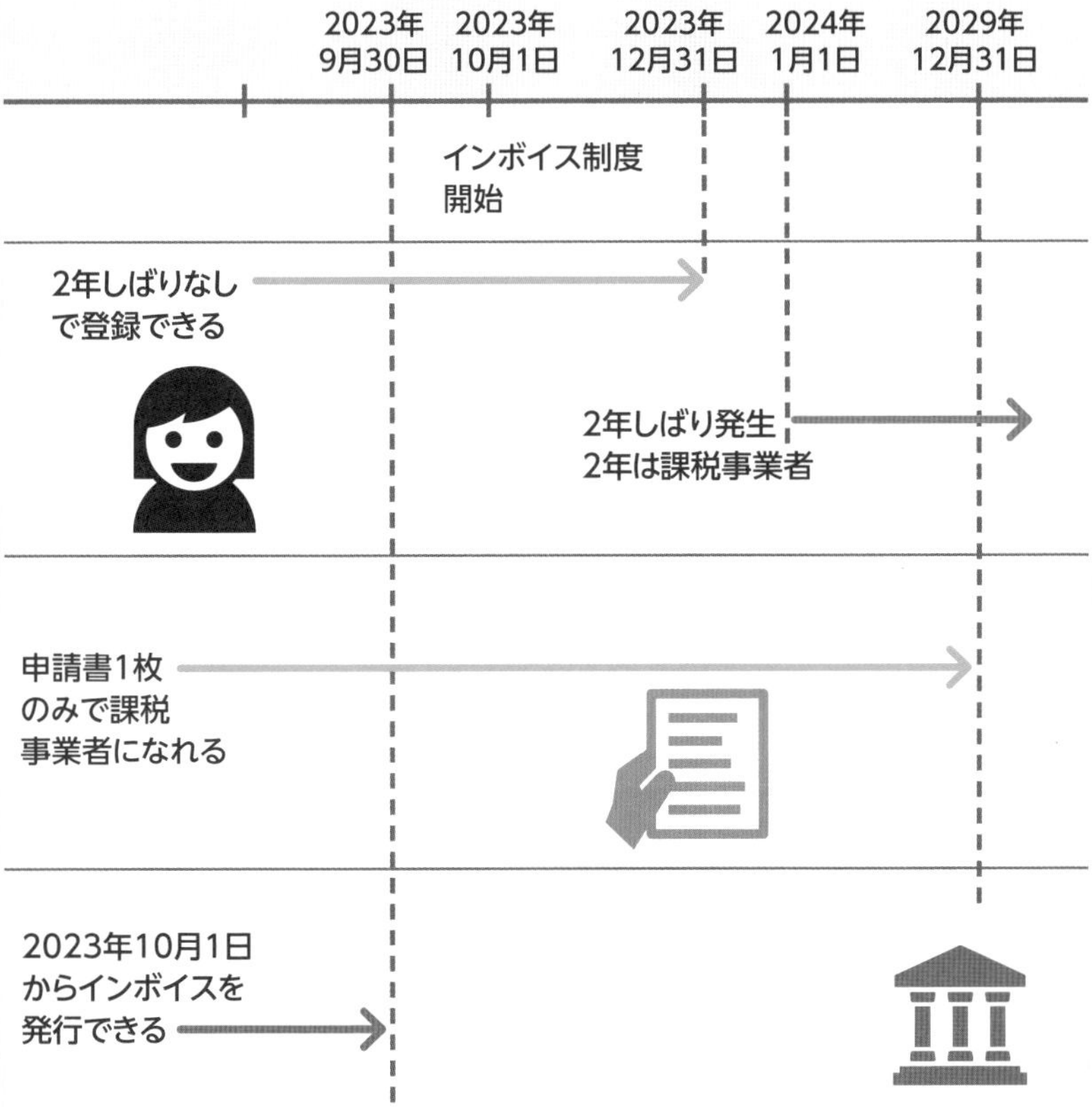

まとめ

登録も登録の取り消しもすぐにはできないため、15日以上は余裕を持つようにしてください。

登録の要件とは？

誰でも登録できるわけではありません

適格請求書発行事業者に登録するには、Ｐ86でも書いたように課税事業者でなければなりません。今回、インボイス制度の導入にあたり、適格請求書発行事業者登録を定められた期間中に行うのであれば、「適格請求書発行事業者の登録申請書」を提出するだけでよいのですが、期間を過ぎると、課税事業者になるための登録も併せて必要になります（詳しくはＰ88）。

その他の登録要件としては、消費税法の規定に違反していないことが挙げられます。「消費税法の規定に違反して罰金以上の刑に処せられ、その執行が終わり、または執行を受けることがなくなった日から2年を経過しない者」（新消費税法57-２・５）は、登録しようとしても認めてもらえません。

これらの２つの要件を満たしていれば、基本的には事業者の申請があれば登録することができます。

どうしても「困難な事情」で登録できないとき

登録の要件とは少し異なりますが、制度導入日からすぐに適格請求書発行事業者になるつもりがあっても、さまざまな理由で期間中に登録できない事業者もいます。そんな事情を考慮して、特例もあります。

特例が認められるのは、**困難な事情**がある場合ですが、２０２３年３月31日までに登録申請できなかった事業者は、２０２３年９月30日までであれば「適格請求書発行事業者の登録申請書」に登録できなかった困難な事情を記載して税務署に申請することで、２０２３年10月１日から適格請求書発行事業者になることができます。

ここで、「困難な事情って、どんな事情なんだろう」と思うと思いますが、国税庁は困難な事情の内容について特に定めていません。ですから、おそらくは各税務署の判断になると思われますが、左のような内容であれば認めてもらえるのではないでしょうか。

登録が間に合わない人・登録できない人の対応

登録できない人
- 免税事業者（課税事業者になってから）
※ただし、経過措置の期間中はOK
- 消費税法の規定に反する者
- 消費者（登録できるのは事業者のみ）

第1－(1)号様式

国内事業者用

適格請求書発行事業者の登録申請書

収受印

【1／2】

令和　年　月　日

＿＿＿＿税務署長殿

申請者	（フリガナ） 住所又は居所 （法人の場合） 本店又は 主たる事務所 の所在地	（〒　－　） ◎（法人の場合のみ公表されます） （電話番号　－　－　）
	（フリガナ） 納税地	（〒　－　） （電話番号　－　－　）
	（フリガナ） 氏名又は名称	◎
	（フリガナ） （法人の場合） 代表者氏名	
	法人番号	

この申請書に記載した次の事項（◎印欄）は、適格請求書発行事業者登録簿に登載されるとともに、国税庁ホームページで公表されます。
1　申請者の氏名又は名称
2　法人（人格のない社団等を除く。）にあっては、本店又は主たる事務所の所在地
なお、上記1及び2のほか、登録番号及び登録年月日が公表されます。
また、常用漢字等を使用して公表しますので、申請書に記載した文字と公表される文字とが異なる場合があります。

下記のとおり、適格請求書発行事業者としての登録を受けたいので、所得税法等の一部を改正する法律（平成28年法律第15号）第5条の規定による改正後の消費税法第57条の2第2項の規定により申請します。
※　当該申請書は、所得税法等の一部を改正する法律（平成28年法律第15号）附則第44条第1項の規定により令和5年9月30日以前に提出するものです。

令和5年3月31日（特定期間の判定により課税事業者となる場合は令和5年6月30日）までにこの申請書を提出した場合は、原則として令和5年10月1日に登録されます。

事業者区分	この申請書を提出する時点において、該当する事業者の区分に応じ、□にレ印を付してください。 □ 課税事業者　□ 免税事業者 ※　次葉「登録要件の確認」欄を記載してください。また、免税事業者に該当する場合には、次葉「免税事業者の確認」欄も記載してください（詳しくは記載要領等をご確認ください。）。
令和5年3月31日（特定期間の判定により課税事業者となる場合は令和5年6月30日）までにこの申請書を提出することができなかったことにつき困難な事情がある場合は、その困難な事情	
税理士署名	（電話番号　－　－　）

※税務署処理欄	整理番号		部門番号		申請年月日	年　月　日	通信日付印　年　月　日	確認
	入力処理	年　月　日	番号確認		身元確認	□ 済　□ 未済	確認書類　個人番号カード／通知カード・運転免許証　その他（　）
	登録番号	T					

注意　1　記載要領等に留意の上、記載してください。
2　税務署処理欄は、記載しないでください。
3　この申請書を提出するときは、「適格請求書発行事業者の登録申請書（次葉）」を併せて提出してください。

インボイス制度

この申請書は、令和三年十月一日から令和五年九月三十日までの間に提出する場合に使用します。

ここに困難な理由を記入する
例）4月以降に開業した
登録すべきか判断を迷っていた
など

まとめ

これから登録する人で、2023年10月1日から適格請求書を発行したい人は困難な事情を記載します。

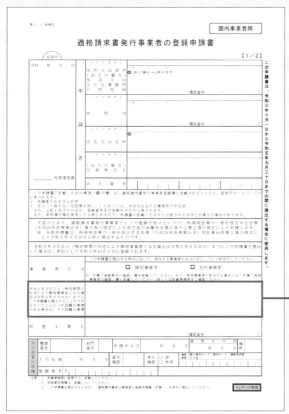

Section

06

公表される事項に屋号や旧姓を使いたい

個人事業主の屋号や旧姓を使う時の方法

個人事業主の中には、旧姓をそのまま使用していたり、ペンネームで仕事をしたりしている人もいると思います。事業者登録後に公表される事項については既に説明した通り（Ｐ56）ですが、原則として公表される事項以外の情報を公表したい時もあると思います。

例えば旧姓やペンネーム、あるいは通称や屋号を公表したい時はどうなるのでしょうか。本名の代わりとして公表が認められるのは、旧姓と通称です。ペンネームや屋号については、本名に併記する形であれば公表することができます。

公表される事項の変更や追加があるときは？

旧姓や通称、ペンネームや屋号を公表したい場合は、「適格請求書発行事業者の登録申請書」の提出に加え**適格請求書発行事業者の公表（変更）申出書**を使います。

「適格請求書発行事業者の公表（変更）申出書」は、登録申請書を提出する際に一緒に提出してもいいですし、後から別で提出してもよいことになっています。ちなみにｅ-ＴＡＸの場合も同様の申請方法で行ってください。

通称や旧姓を公表するときは、戸籍も一緒に提出しよう

通称や旧姓の公表は、住民票に併記されているものに限り可能となります。ですから、通称や旧姓を公表したいとなったときは、先ほどの申出書と一緒に公表したい情報が併記されている住民票も添えて提出しなくてはならない場合があります。ただしｅ-ＴＡＸの場合は不要とされる場合もあります。

公表される事項を変更したいとき

国税庁の公表サイトに次の事項を追加（変更）して公表することを希望する場合に提出

適格請求書発行事業者の公表事項の公表（変更）申出書

収受印

令和　年　月　日	申出者	（フリガナ）	トウキョウトシンジュククインボイスマチ
		納税地	（〒162－0000） 東京都新宿区インボイス町1-1 （電話番号　03－0000－0000）
		（フリガナ）	インボ　イスヒコ
		氏名又は名称及び代表者氏名	印保　イス彦
		法人番号	※　個人の方は個人番号の記載は不要です。
＿＿税務署長殿		登録番号	T

新たに公表を希望する事項にチェック

公表を希望する屋号を記入

国税庁ホームページの公表事項について、下記の事項を追加（変更）し、公表することを希望します。

新たに公表する事項		新たに公表を希望する事項の□にレ印を付し記載してください。	
	個人事業者	□主たる屋号 〔複数ある場合任意の一つ〕	（フリガナ）インボイスヒコジムショ 印保イス彦事務所
		□主たる事務所の所在地等 〔複数ある場合任意の一箇所〕	（フリガナ）トウキョウトシンジュククインボイスマチ 東京都新宿区インボイス町1-1
		□通称 □旧姓（旧氏）氏名 〔住民票に併記されている通称又は旧姓（旧氏）に限る〕	いずれかの□にレ印を付し、通称又は旧姓（旧氏）を使用した氏名を記載してください。 □　氏名に代えて公表 □　氏名と併記して公表 （フリガナ） （通称）インボイスヒコ／ （旧姓氏名）免税イス彦
	人格のない社団等	□本店又は主たる事務所の所在地	（フリガナ）
変更の内容		既に公表されている上記の事項について、公表内容の変更を希望する場合に記載してください。	
	変更年月日		令和　年　月　日
	変更事項		（個人事業者）　□屋号　□事務所の所在地等　□通称又は旧姓（旧氏）氏名 （人格のない社団等）　□本店又は主たる事務所の所在地
	変更前		（フリガナ）
	変更後		（フリガナ）

※　常用漢字等を使用して公表しますので、申出書に記載した文字と公表される文字とが異なる場合があります。

参考事項	
税理士署名	（電話番号　－　－　）

※税務署処理欄	整理番号		部門番号		
	申出年月日	年　月　日	入力処理	年　月　日	番号確認

注意　1　記載要領等に留意の上、記載してください。
　　　2　税務署処理欄は、記載しないでください。

公表を希望する事務所の所在地等を記入

住民票に記載されている通称又は旧姓氏名を記載

通称又は旧姓氏名を希望する場合「氏名に代えて公表」するか「氏名と併記して公表」するのかいずれにチェック

国税庁サイトの表示例
<氏名に代えて公表希望>
通称：インボイスヒコ
旧姓氏名：免税イス彦
<氏名と併記して公表希望>
通称：印保イス彦（インボイスヒコ）
旧姓氏名：免税イス彦（免税イス彦）

まとめ

公表サイトには、個人名が公表されますが、屋号や旧姓を併記することもできます。

Section

07

新規開業した個人事業主や法人はどうすればいい？

新規開業と同時にインボイスの登録事業者になる方法

新しく開業する事業者は、個人事業主であれ法人であれ、前年度に売上がないため原則として免税事業者となります（ただし資本金の金額によっては新設法人でも最初から課税事業者となる）。免税事業者のままでは適格請求書を発行することができませんから、取引に支障が出る恐れもあります。既に繰り返しお伝えしてきていますが、取引相手が課税事業者だった場合、仕入れ税控除の適用条件である適格請求書を仕入れ先から発行してもらわないと、余分に消費税を納めなくてはならないのです。せっかく新規開業したにもかかわらず、そうした理由で取引が見送られることのないよう、**新規開業者には特例措置があります。**

新規開業者に適用される特例って？

その特例とは、個人事業主や法人を問わず新規開業した事業主の場合、開業したその日の属する課税期間の末日までに、課税事業者となるための「消費税課税事業者選択届出書」と適格請求書発行事業者になるための「適格請求書発行事業者の登録申請書」の2種類の書類を提出すれば、事業を開始した課税期間の初日に登録したものと見なされるというものです。例えば個人事業主であれば、その年の1月1日から12月31日までが課税期間です。仮に3月に開業し4月に登録申請を行ったとしても、ルール上3月から適格請求書の発行事業者になれるというわけです。

ですから、登録番号の通知が届くまでの間に適格請求書の発行を求められた場合は、ひとまず通常の請求書を発行し、登録番号が届きしだい、適格請求書を発行するという旨を伝えておくのがいいでしょう。

ちなみに、資本金が1000万円以上で新規開業時から課税事業者となる場合は、提出する書類は「適格請求書発行事業者の登録申請書」のみでよくなります。

新規開業した個人事業主（法人）の場合

新規開業者	提出書類	提出日	登録日
免税事業者の場合	「消費税課税事業者選択届出書」 「適格請求書発行事業者の登録申請書」	事業開始日が含まれる課税期間の末日まで	課税期間初日から
課税事業者の場合	「適格請求書発行事業者の登録申請書」	事業開始日が含まれる課税期間の末日まで	課税期間初日から

※新規開業の個人事業主の場合

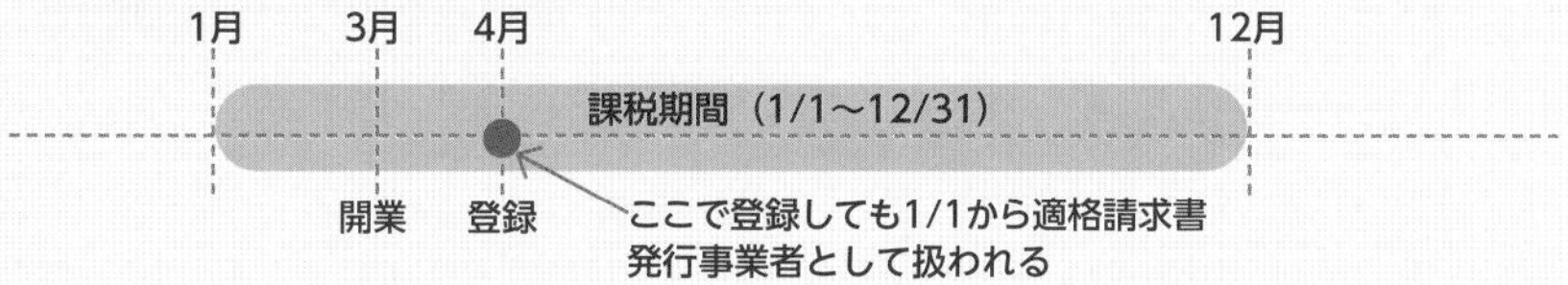

提出書類の見本

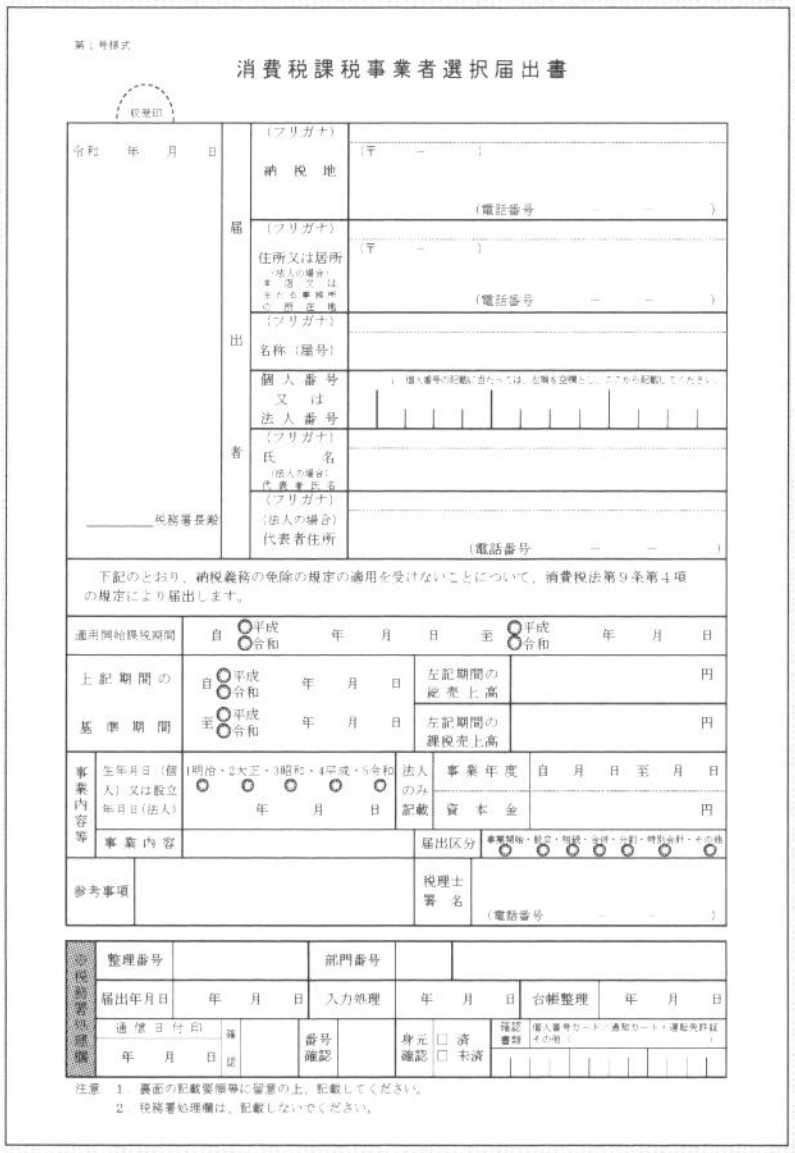
消費税課税事業者選択届出書

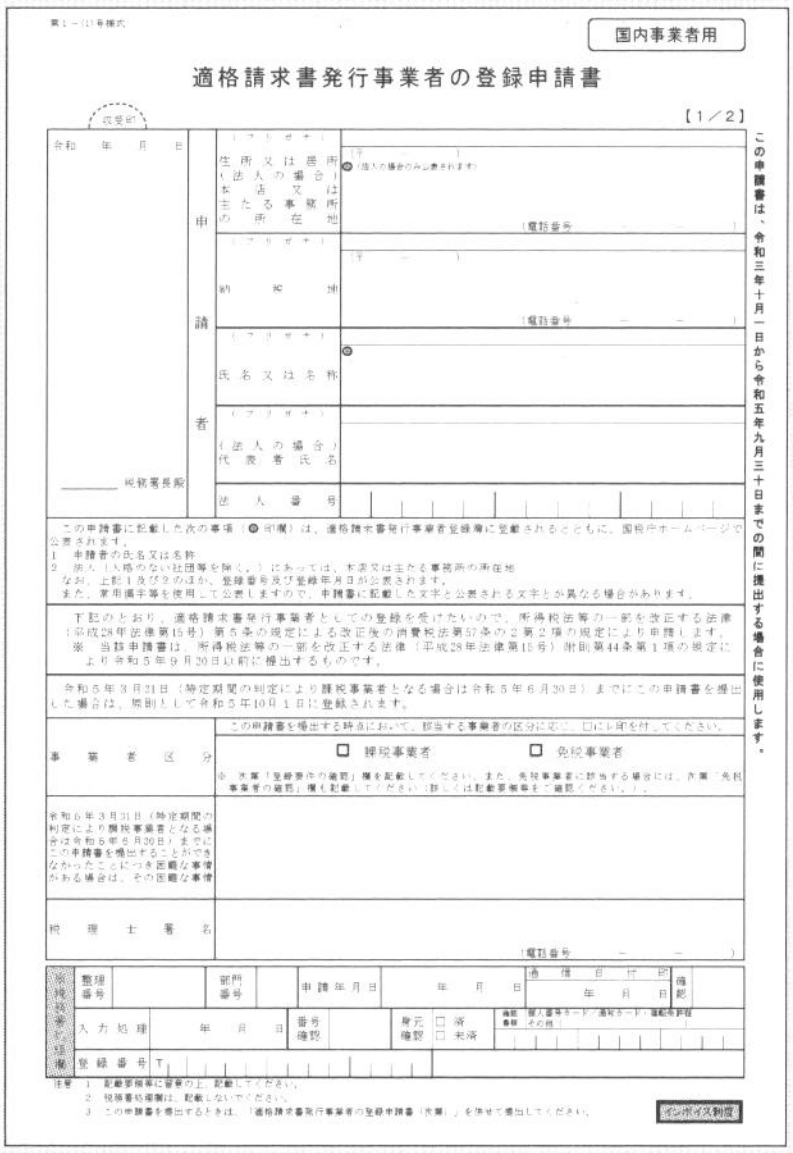
国内事業者用
適格請求書発行事業者の登録申請書
【1／2】
この申請書は、令和三年十月一日から令和五年九月三十日までの間に提出する場合に使用します。

まとめ

新規開業の場合、登録申請すれば開業時から登録事業者として適用されることになっています。

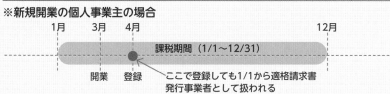

Section

08

相続で事業を承継する時のインボイスの登録は？

みなし登録期間中は故人のインボイスを使用する

人の寿命は誰にもわからないことですから、突然事業主が亡くなり事業を承継することケースもあります。適格請求書の発行ができる事業者が亡くなってしまった場合、亡くなった人の登録番号は使えなくなってしまうので、事業を承継した人が新たに申請し直す必要があります。

事業を相続した人は、**適格請求書発行事業者の死亡届出書**を提出し、事業を承継する人の名前を記載した「適格請求書発行事業者の登録申請書」を提出します。

しかし制度の導入後に事業者が亡くなってしまった場合、これでは事業を承継する人が事業者登録を行うまでに時間がかかり適格請求書を発行できない期間が生まれてしまいます。そこで、**特定の期間のみ故人の事業者登録番号を相続人の登録番号としてみなして適格請求書を発行できるという特例があります。**しかしあくまで特例ですから、いずれは亡くなった事業者の登録番号は使えなくなってしまいます。従って相続人となる事業者はいずれにしても新たに登録し直す必要があります。

先ほど触れた故人のインボイスを相続人のインボイスとしてみなしてもらえる期間は、「**死亡した翌日から4カ月経過した日または相続した人が適格請求書発行事業者の登録した日の前日のいずれか早い日までの期間**」と定められています。

事業承継が行われる時期で対応が異なる

先ほどのみなし期間が適用されるのは、インボイス制度が導入される2023年10月1日以降に適格請求書発行事業者が亡くなり事業を承継する場合です。もしも制度開始前に亡くなってしまった場合は、先ほどのように〝みなす〟必要がありませんので、相続した人が新たに「適格請求書発行事業者の登録申請書」に困難な理由を記載して申請しましょう。

事業を相続した場合の対応

事業承継による適格請求書発行事業者の登録の効力

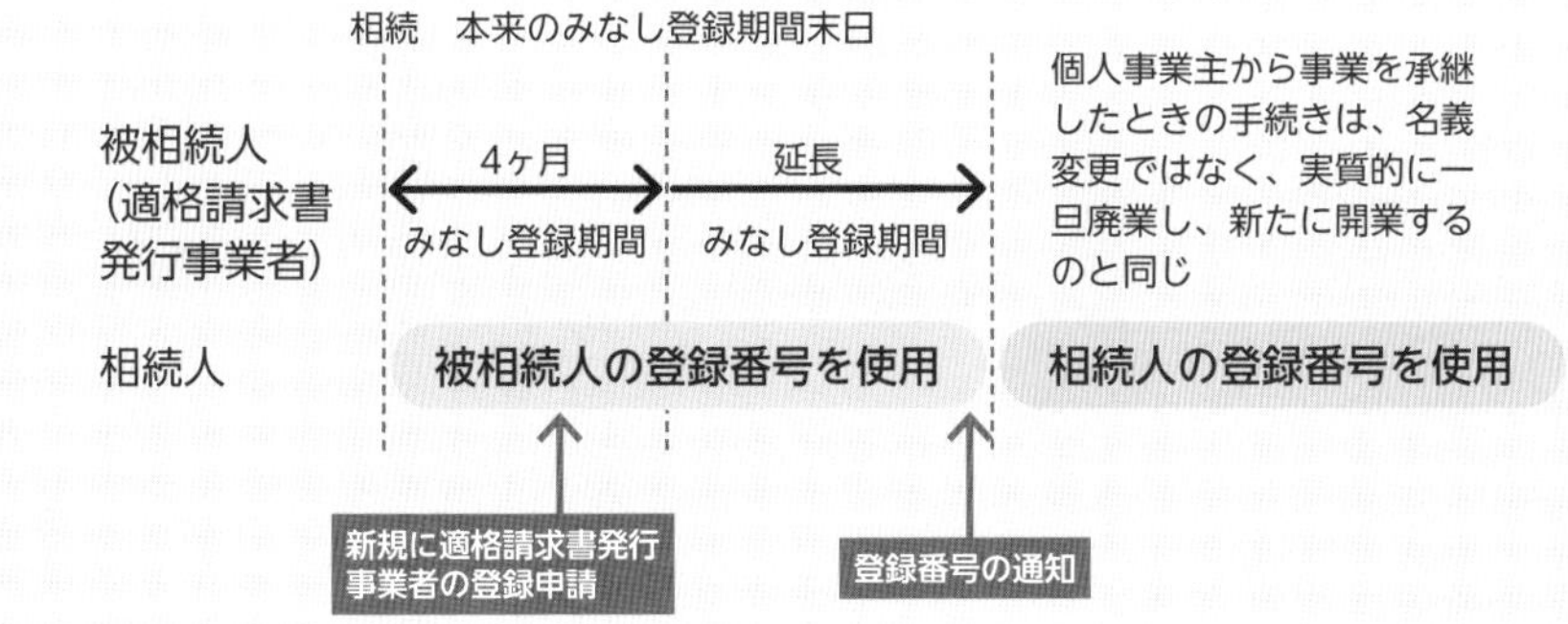

提出書類の見本

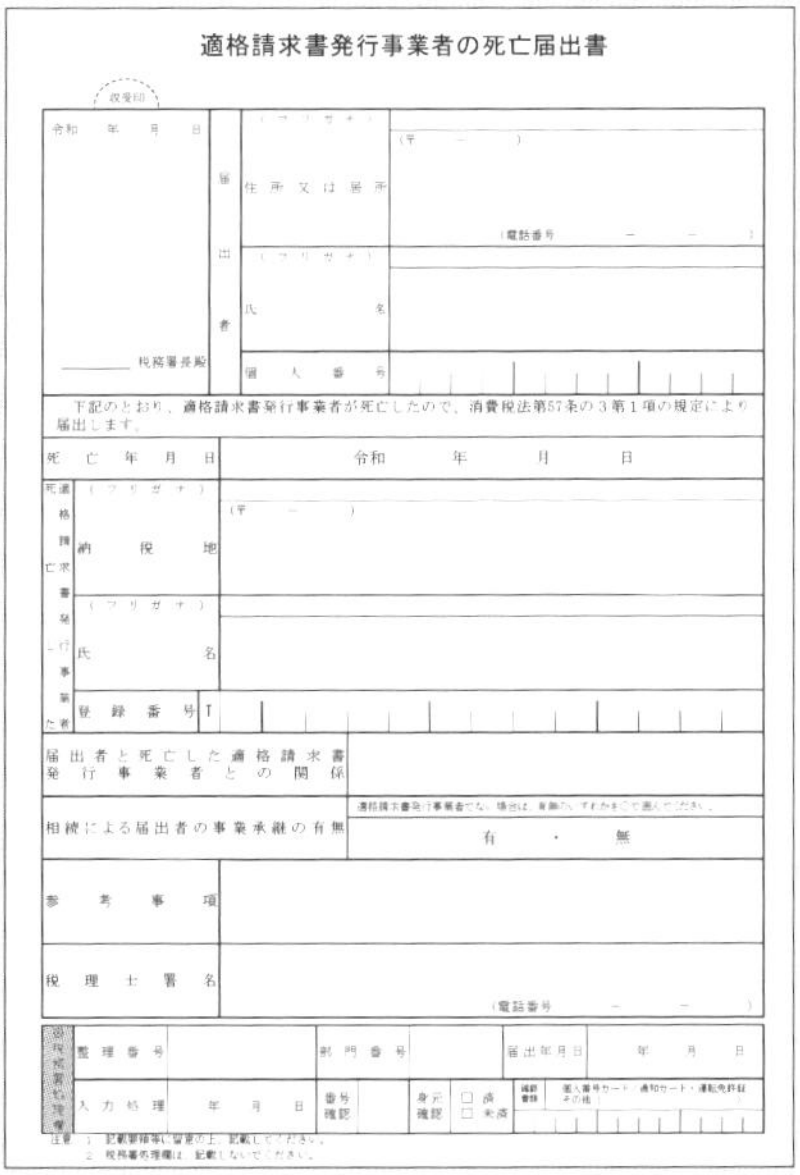

適格請求書発行事業者の死亡届出書

収受印

令和　年　月　日

税務署長殿

届出者　（フリガナ）　住所又は居所　（〒　－　）　（電話番号　－　－　）

（フリガナ）　氏名

個人番号

下記のとおり、適格請求書発行事業者が死亡したので、消費税法第57条の３第１項の規定により届出します。

死亡年月日　令和　年　月　日

死亡した適格請求書発行事業者　（フリガナ）　納税地　（〒　－　）

（フリガナ）　氏名

登録番号　T

届出者と死亡した適格請求書発行事業者との関係

相続による届出者の事業承継の有無　有・無

参考事項

税理士署名　（電話番号　－　－　）

税務署処理欄　整理番号　部門番号　届出年月日　年　月　日　入力処理　年　月　日　番号確認　身元確認　□済　□未済

注意　1　記載要領等に留意の上、記載してください。
2　税務署処理欄は、記載しないでください。

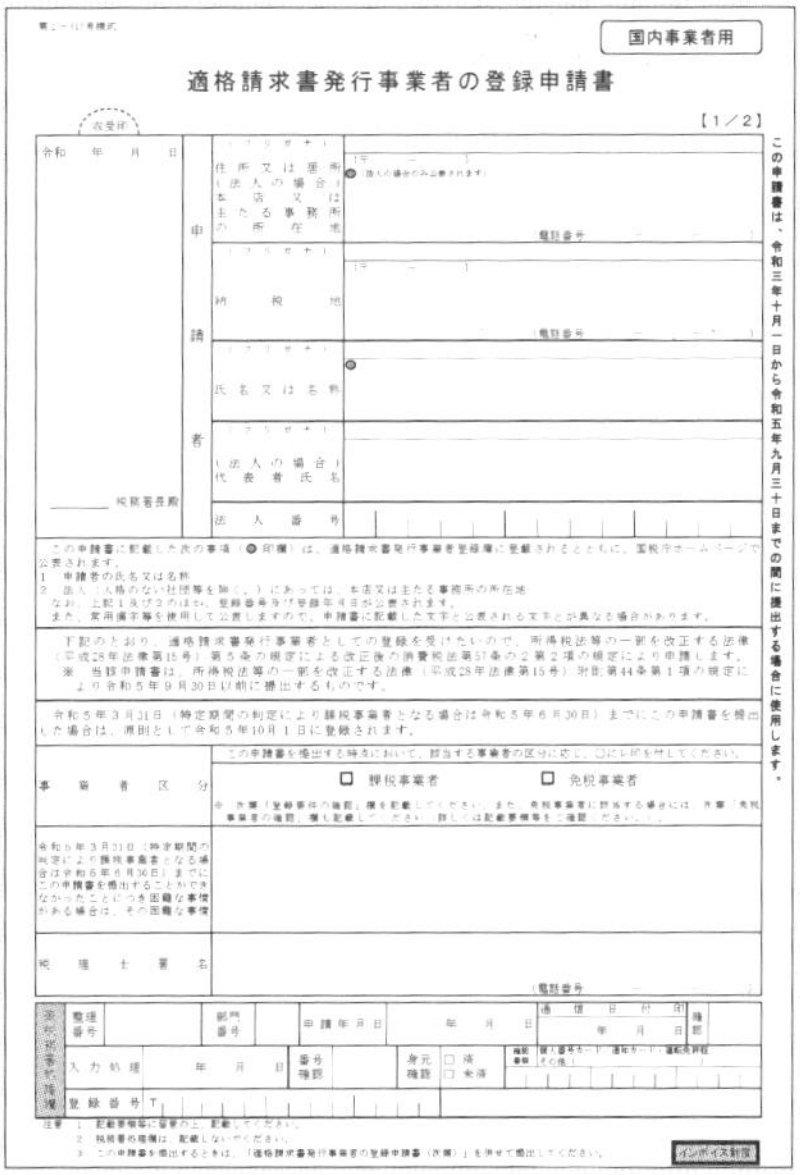

国内事業者用

適格請求書発行事業者の登録申請書

【1／2】

収受印

令和　年　月　日

税務署長殿

申請者　（フリガナ）　住所又は居所（法人の場合）本店又は主たる事務所の所在地　（〒　－　）　（電話番号　－　－　）

（フリガナ）　納税地　（〒　－　）　（電話番号　－　－　）

（フリガナ）　氏名又は名称

（フリガナ）　（法人の場合）代表者氏名

法人番号

この申請書に記載した次の事項（◎印欄）は、適格請求書発行事業者登録簿に登載されるとともに、国税庁ホームページで公表されます。
1　申請者の氏名又は名称
2　法人（人格のない社団等を除く。）にあっては、本店又は主たる事務所の所在地
なお、上記１及び２のほか、登録番号及び登録年月日が公表されます。
また、常用漢字等を使用して公表しますので、申請書に記載した文字と公表される文字とが異なる場合があります。

下記のとおり、適格請求書発行事業者としての登録を受けたいので、所得税法等の一部を改正する法律（平成28年法律第15号）第５条の規定による改正後の消費税法第57条の２第２項の規定により申請します。
※　当該申請書は、所得税法等の一部を改正する法律（平成28年法律第15号）附則第44条第１項の規定により令和５年９月30日以前に提出するものです。

令和５年３月31日（特定期間の判定により課税事業者となる場合は令和５年６月30日）までにこの申請書を提出した場合は、原則として令和５年10月１日に登録されます。

事業者区分　□課税事業者　□免税事業者

税理士署名　（電話番号　－　－　）

税務署処理欄　整理番号　部門番号　申請年月日　年　月　日　入力処理　年　月　日　番号確認　身元確認　□済　□未済　登録番号　T

注意　1　記載要領等に留意の上、記載してください。
2　税務署処理欄は、記載しないでください。
3　この申請書を提出するときは、「適格請求書発行事業者の登録申請書（次葉）」を併せて提出してください。

この申請書は、令和三年十月一日から令和五年九月三十日までの間に提出する場合に使用します。

インボイス制度

まとめ

事業相続の場合は、場合によって亡くなった事業者登録番号を引き継ぐことも可能です。

Section

09 交付や保存方法を見直してみる

立場によって準備すべきことが異なります

インボイス制度が導入されるまでにすべきことは、事業者登録だけではありません。仕入税額控除の適用を受けるには、インボイス等の発行や保存が必要です。多くの事業者は、売り手となる時もあれば買い手になることもあるはずです。ですからここでは、売り手側と買い手側のそれぞれの立場から準備すべきことを説明していきます。

売り手として準備すべきこと

売り手として最初にすべきことは、取引ごとに**どのような書類を交付しているのか**を把握することです。これまでの取引を振り返り、売上先の事業者ごとにインボイスの交付が必要かどうかを見極め、どのような交付であればいいかを確認してみてください。インボイスとして認められるのは請求書だけでなく、納品書や領収書なども含まれます（Ｐ122）。取引の都度「納品書」を交付するのか、毎月「請求書」を交付するのか、あるいはレシートや領収書を交付するのか決めておきましょう。

買い手として準備すべきこと

仕入れがある場合、まずは**簡易課税制度を適用するか**どうかで準備すべきことが異なります。簡易課税制度を適用する場合は、仕入税額控除を受けるためにインボイスを保存しなくても構いません。そのため、簡易課税制度を選択する場合は、自社がインボイスを交付する準備だけを進めておけばいいでしょう。

簡易課税制度を選択しない場合は、普段の取引を振り返り、インボイスが必要な取引にはどのような取引があるかを把握しておきましょう。仕入れ先は、課税事業者と免税事業者の両方が存在することも十分あり得ます。

交付方法や保存方法を見直してみよう

売り手としての準備

①取引ごとにどのような書類を交付しているか確認する

②交付している書類等につきどう見直せばインボイスとなるか検討する

③売上先に登録を受けた旨やインボイスの交付方法等を共有する

④インボイスの写しの保存方法や売上税額の計算方法を検討する

⑤必要に応じて価格の見直しも検討する

買い手としての準備

①簡易課税制度を適用するかを確認する
※2026年12月31日までは2割特例も選択化（P76）

②自社の仕入れ・経費についてインボイスが必要な取引か検討する

③継続的な取引については、仕入れ先から受け取る請求書等が記載事項を満たしているか確認し、必要に応じて仕入れ先とも相談する

④受け取った請求書等をどのように保存・管理するか検討する

⑤帳簿への記載方法や仕入税額の計算方法を検討する

まとめ

適格請求書を発行するために、定められた様式に対応した請求書や帳簿の準備をしていきましょう。

Section 10 商品・サービスの価格を見直そう

価格自体を見直してみよう

インボイス制度の導入にともない、課税事業者も免税事業者も売上や仕入れに影響が出ることが予想されます。自分は課税事業者で、仕入れ先に免税事業者がいる場合、仕入税額控除が適用される額が変わってきてしまうため、単純に考えると消費税分仕入れ値が上がることになります。一方、現在免税事業者で今後は課税事業者になる予定の事業者は、これまで益税として自分の分にできていた消費税分が納税の対象になるため、収入が減ってしまいます。どちらの立場にせよ、一度販売価格を見直すことが必要です。

インボイス制度を理由に価格交渉はアリ?

あくまでも取引価格は売り手と買い手の間で話し合って決められることですから、そうした交渉を行うことは問題ありません。しかしながら、免税事業者の多くは、インボイス制度を理由に、取引相手である課税事業者から課税事業者にならないと取引を中止すると言われたり、仕入れ値が上がることで取引価格を下げられたりする可能性があるという指摘は何度も言われてきました。

こうした懸念に対し、インボイス制度導入に伴う取引条件の変更については、**公正取引委員会**が、「免税事業者及びその取引先のインボイス制度への対応に関するQ&A」を出しています。そこでは、「自己の取引上の地位が相手方に優越している一方の当事者が、取引の相手方に対し、その地位を利用して、正常な商慣習に照らして不当に不利益を与えることは、優越的地位の濫用として、**独占禁止法**上問題となるおそれがあります。」としています。

つまり、仕入先である免税事業者との取引について、インボイス制度を理由に取引条件を見直すことは構いませんが、取引を変更する場合は注意が必要ということです。

価格を交渉するときは、独占禁止法に注意！

インボイス制度の導入を機に取引条件を見直す場合は、独占禁止法に抵触しないように気をつけないといけません。独占禁止法では、取引上の地位が優位な方が、その地位を濫用してはいけないことになっています。

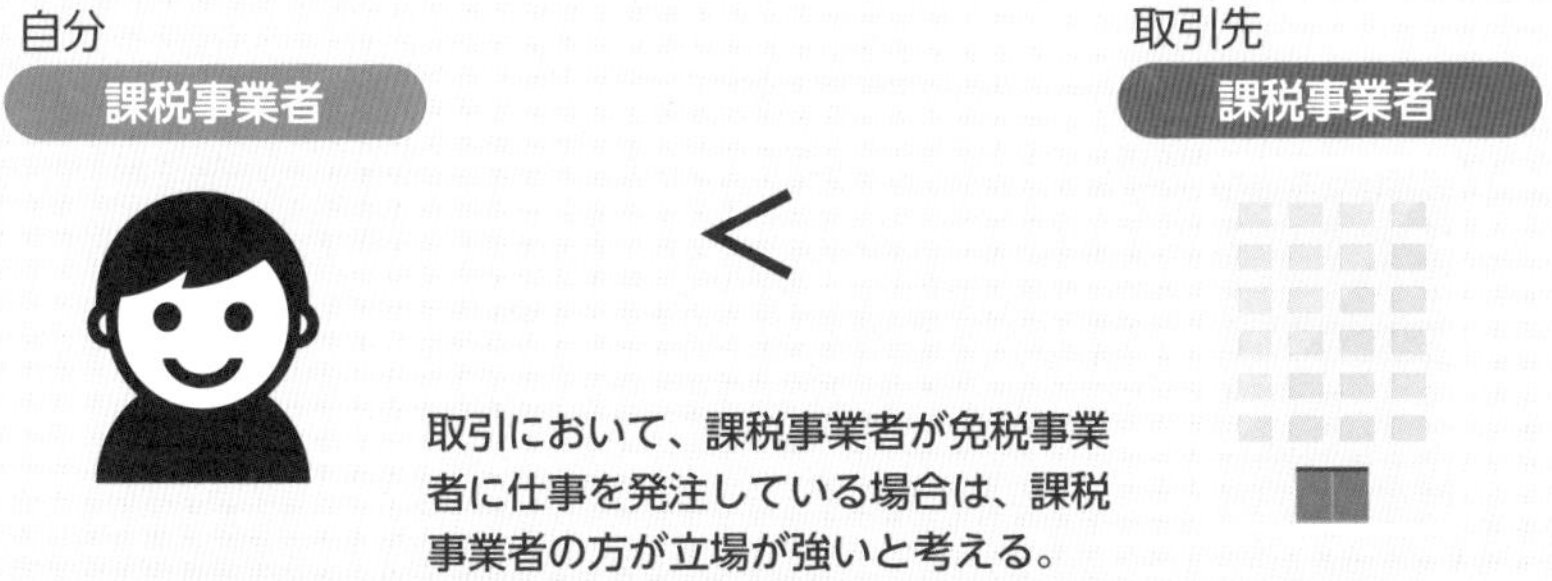
自分
課税事業者
取引先
課税事業者
＜
取引において、課税事業者が免税事業者に仕事を発注している場合は、課税事業者の方が立場が強いと考える。

独占禁止法で問題になる行為

①取引対価の引き下げ
仕入税額控除ができないことを理由にして、値下げの要求をしたり著しく低い価格を設定したりしてはいけません。

②商品・役務の成果物の受領拒否
仕入れ先が適格請求書発行事業者でないことを理由に、成果物を受け取らなかったり、正当な理由なく返品したりしてはいけません。

③協賛金等の負担の要請
取引価格の据え置きを認める代わりに、協賛金の負担を要請したり、無償でのサービスを要請したりしてはいけません。

④購入・利用の強制
取引価格の据え置きを認める代わりに、その取引以外の商品・サービスの購入や利用を要請してはいけません。

⑤取引の停止
一方的に著しく低い取引価格を提示するなどして、これに応じない仕入れ先との取引を停止するなどはしてはいけません。

⑥登録事業者となるよう一方的な通告
課税事業者にならなければ取引価格を引き下げる等、一方的な通告をしてはいけません。

用語解説 公正取引委員会

独占禁止法を運用するために設置された行政機関のこと

用語解説 独占禁止法

企業が守らなければいけないルールを定め、公正かつ自由な競争を妨げる行為を規制するための法律。正式には私的独占の禁止及び公正取引の確保に関する法律という。

まとめ

インボイス制度を機に取引先と交渉するのは良いですが、独占禁止法等に抵触しないようにしましょう。

Column

商品・サービスの価格は見直しておこう

インボイス制度が始まることで予想されるのは、さまざまな商品・サービスの値上がりです。インボイス制度によって免税事業者からの仕入れがコストアップになるため、販売価格の見直しを行う事業者増えることが予想されます。本書でも、自分の商品・サービスの販売価格を見直してくださいと書きましたが、その理由としては、仮に仕入れがほとんどない事業者だったとしても、事業を運営する上で必要な経費の値上がりが想定されるためです。

ただ、価格の引き上げの交渉は場合によってネガティブな反応を示されることも考えられます。ですから、単なる価格の引上げではなく、従来のサービス水準の向上のためなどを理由に添えた方が心証がよくなります。

また、もしも値上げを行う場合は、期間に余裕を持って交渉するようにしてください。どのタイミングで値上げを行うかは、契約がない限りそれぞれの事業者が自由に決めて問題ありませんが、ある日突然値上げになると、言われた方も驚いてしまいます。

インボイス制度を機に値上げを考える場合は、サービス水準の向上のためであることをしっかりと伝えた上で、値上げまでの期間に余裕を持って伝えるようにしましょう。

Chapter
5

適格請求書の発行と保管

姉さんも無事に登録申請ができましたし
大事なミッションは既にクリアですね
納税銀河
登録完了通知書
この銀河にまたひとつ新たな**課税事業者**が生まれたわ！
そして
ひとつの免税事業者が消えたのでした……
さてインボイス制度後にはいろんな落とし穴があります
思わぬ減益に見舞われないように注意してください
ここでは「買う側」になった時の落とし穴も
考えてみましょう
¥費用

人に仕事を頼んだり
手伝って!
備品を購入したり
効率アップ!
マチ子だっていつも「売る側」ばかりとは限らないわね
しかし取引の度にいちいち請求書のやり取りが発生しない
そんなケースもあると思います
インボイス
たとえば?
?
事業のために事務所を借りているとしたら家賃は毎月自動的に銀行口座から引き落とされます
この時インボイスはいつ発行されているんでしょう?
銀行
¥
オーナー
借主
ほんとだふしぎ!
??

こんな時にもしも賃貸契約書にオーナーの適格請求書発行事業者番号が記載されていなければ
今後は経費として仕入れ税額控除を受けることができません
登録番号アリの契約書
「大丈夫だと思った」ではなく自分で先方に確認しないとダメね
実際にやってみてマチ子
どうもオーナーです
架空の
あの
インボイスを確認させていただけますか?
契約書に番号はありますよね?
ありませんよ?
私は免税事業者のオーナーですから
え!?
じゃあ私みたいに課税事業者になっていただいて
圧力ですか?
圧力ですか?
ええ!?
それだと私が損をするので
家賃を消費税分下げていただきたい……
家賃は下げない約束だったじゃないですか!

ダメでした!
こんな場合はどんな選択肢があるのオサメさん?
話し合いは苦手なの……
①借主は消費税分を自分で負担する
支出増
②インボイスを発行してくれる別物件への移転を検討する
インボイス制度は買う側の立場から見ても心苦しいものなんだね
更新しません
さいならー
自分が損をしないよう相手にお願いするなんて
相手方が制度への理解をどの程度お持ちなのかという問題もありますね
そうね
まあマチ子は自宅勤務だからとりあえずこんなトラブルにはならないわ安心して!
心苦しいわね……
気づいてない
物を買う際にはインボイスの確認と保存を!

Section 01

適格請求書には何を書く？

適格請求書は請求書だけとは限らない？

ここでは、売り手として適格請求書を発行する場合に、どのような請求書を発行したらよいかを説明していきます。適格請求書は、定められたフォーマットがあるわけではないため、これまで同様に各自の好きなフォーマットを使用して請求書を作成して構いません。

ただし、適格請求書として認めてもらうには、記載しておかなければならない項目がありますので、これらの項目を請求書に必ず記載しておきましょう。すでに説明していますが、適格請求書として認められる書類とは、請求書だけでなく、納品書、領収書、レシートも含みます。ここでは請求書の記載方法を主に扱いますが、納品書や領収書、レシートを用いて取引を行っている場合は、そちらもインボイスに対応するようフォーマットを変更しておきましょう。

適格請求書に必要な項目

必要な項目は、これまで区分記載請求書に記載していた項目に、新たに「**登録番号**」「**適用税率**」「**税率ごとに区分した消費税額等**」が必要になります。

追加される部分を手書きにしても大丈夫？

これまで使用していたフォーマットをわざわざ変更するのは面倒だという人もいるかもしれません。その場合は、これまで使用していたものに手書きで追加の記載事項を記入する方法でも問題ありません。

例えばインボイス制度の導入開始日までにインボイス対応のレシートの用意が間に合わないということであれば、レシートの隅に「登録番号」「適用税率」「税率ごとに区分した消費税額等」を記載しておけば大丈夫です。

適格請求書の書き方

請　求　書

❺ 喫茶△山　御中

❶ ○×株式会社
東京都
TEL：
❿ 登録番号：T1234567890001

❷ 2024年7月31日

7月分 41,300円（税込）❹

❷ 7/2	❸ 食パン※		2,460円
7/5	爪楊枝		4,090円
合計			41,300円

❼❽（10%対象　14,300円）　❾（消費税1,300円）
（ 8%対象　27,000円）　（消費税2,000円）

❻ ※印は軽減税率対象商品

❶発行者の氏名または名称
❷取引年月日
❸取引内容
❹取引金額
❺受領者の氏名または名称
❻軽減税率の対象品目である旨の表記
❼税率ごとに区分して合計した対価の額
❽税率ごとの適用税率
❾税率ごとに区分した消費税額等
❿登録番号

まとめ

制度開始までに対応が間に合わない場合は、いったん手書きで不足している記載事項を記入して対応します。

Section

02

業種によって適格簡易請求書（簡易インボイス）も発行できる

適格簡易請求書（簡易インボイス）って何？

前項では、適格請求書の書き方について紹介しましたが、インボイス制度では、**適格簡易請求書（簡易インボイス）**というものもあります。適格簡易請求書は、簡単にいえば領収書やレシートなどのことを指しており、不特定多数の人を相手にする業種に限り、適格請求書よりも簡素化した適格簡易請求書の発行を認められています。

適格簡易請求書が発行できる業種についてはこの後で説明しますが、例えばタクシーの運転手は、仕事上多くのお客様を乗せ、その都度精算、レシートもしくは領収書を発行しなければなりません。ですから、適格請求書を発行するのは負担になるということで、適格簡易請求書が認められることになりました。

適格簡易請求書では、受け取る側となるお客様の氏名や名称を省略でき、適用税率か税率ごとに区分した消費税額等のどちらかが記載されていればＯＫです。

適格簡易請求書が発行できる人

適格簡易請求書が発行できる業種は次の7つです。この7つの業種に該当しない場合は、適格簡易請求書の発行は認められていないため、通常の適格請求書を発行してください。対象となる業種は「小売業」「飲食店業」「写真業」「旅行業」「タクシー業」「駐車場業」「その他、これらの事業に準ずる事業で不特定多数の人と取引が生じる業種」です。

適格簡易請求書の書き方

適格簡易請求書に記載しなければならない内容は、「インボイス発行事業者の氏名もしくは名称」「登録番号」「取引年月日」「取引内容」「税率ごとに区分した税抜き価格または税込み価格の合計金額」が必須の事項です。

加えて、「税率ごとに区分した消費税額等」と「適用税率」はどちらか一方が記載されていなければなりません。

適格簡易請求書の書き方

適格簡易請求書作成はここを押さえる
適格請求書に必要な記載事項から「購入者の氏名・名称」と「税率ごとに区分した消費税額等」もしくは「適用税率」のどちらかを省略

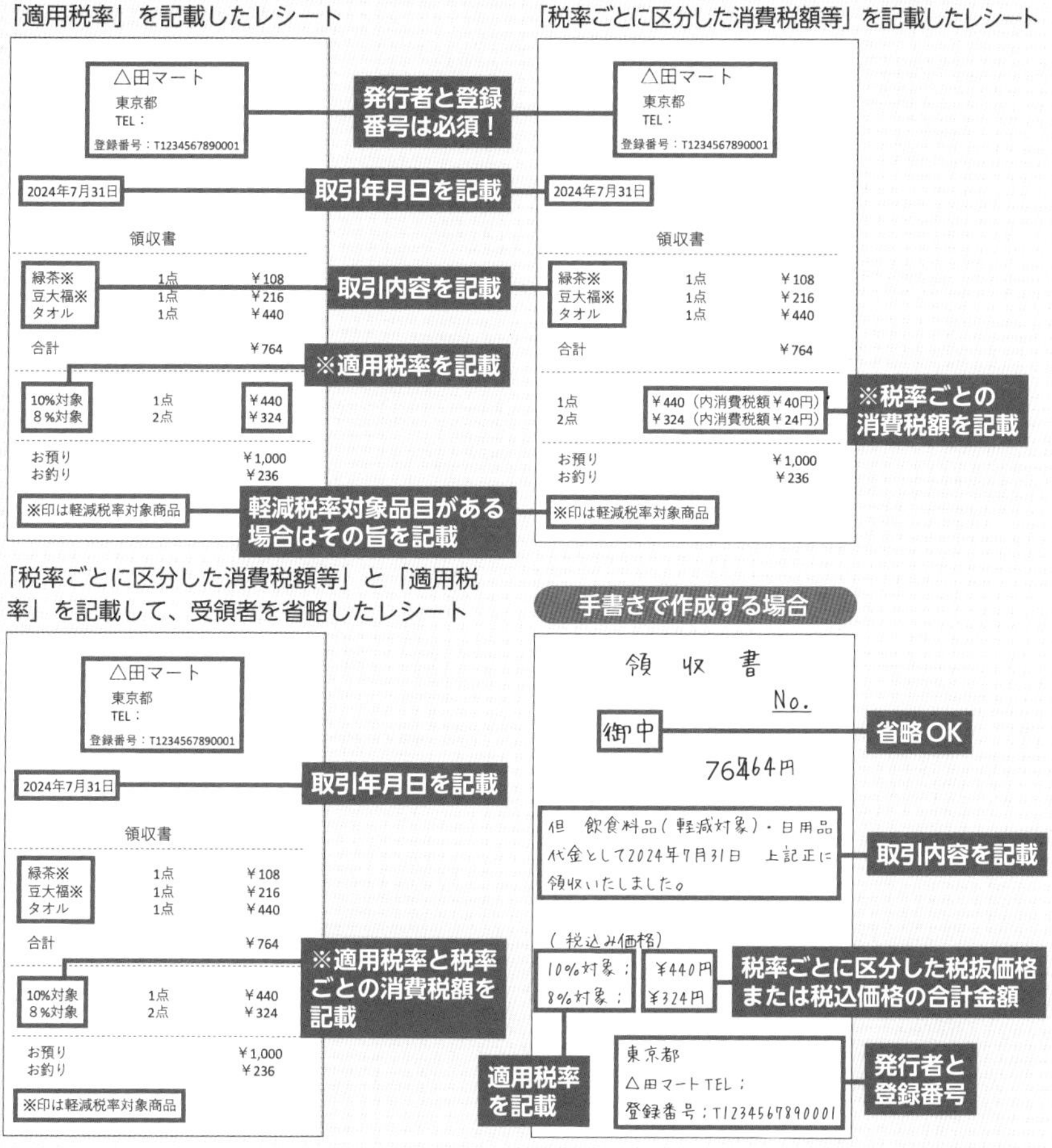

「適用税率」を記載したレシート
「税率ごとに区分した消費税額等」を記載したレシート

「税率ごとに区分した消費税額等」と「適用税率」を記載して、受領者を省略したレシート

手書きで作成する場合

まとめ

定められた業種以外で適格簡易請求書を発行することは認められていません。

Section

03 返品や値引きがあった時の対応方法は？

返品や値引きには「適格返還請求書」を発行する

取引先やお客様へ一度適格請求書を発行した後に、返品や値引きなどがありお金のやりとりが発生することがあります。例えば、アクセサリー雑貨を販売し、一度お金を受け取りレシート（もしくは領収書）を発行したとします。その後、何らかの理由で商品が返品になりお金を払い戻す際には、お客様に対し**適格返還請求書**を発行しなくてはなりません。

適格返還請求書とは、「売上に係る対価の返還」が行われる際に発行されるもので、これを受け取ったお客側は、最初に受け取った適格請求書に記載されていた消費税額から適格返還請求書に記載されている消費税額を引いて、正しい仕入れ税額を計算することになります。

この適格返還請求書を発行しないと、相手が正確な仕入れ税額を計算できなくなってしまうため、返品や値引きが行われた際には速やかに発行するようにしてください。なお、この**適格返還請求書を発行するのは、返品や値引き、割戻だけでなく、販売奨励金を渡す際にも発行が必要に**なりますので注意しておきましょう。

改 適格返還請求書を発行しなくてもいいとき

次の取引が行われる場合、適格返還請求書は発行しなくて構いません。

- 1万円未満（税込み）の取引
- 3万円未満（税込み）の公共交通機関による旅客の運送
- 郵便切手類などを対価として郵便ポストに投函されたもの
- 3万円未満（税込み）の自動販売機などで無人で行われる販売
- 出荷者等が卸売市場で生鮮食料品等を販売するとき
- 農協、漁協、森林組合などに委託する農林水産物の販売

適格返還請求書の書き方

2024年7月31日

販売奨励金支払明細書

△○株式会社　御中

7月分

取引日付	品名	奨励金金額
7/1	緑茶※	1,080円
7/1	おにぎり※	2,160円
7/1	ウェットティッシュ	550円
合計	24,000円（消費税額2,000円）	

10%対象　13,200円（消費税額1,200円）
8%対象　10,800円（消費税額800円）

※印は軽減税率対象商品

株式会社★●
東京都
TEL：

登録番号：T1234567890001

返還を行う年月日を記載する

取引の内容と対象となる日付

※適用税率と、税率ごとに区分した合計金額（税込・税抜）

※税率ごとの消費税額を記載

発行者と登録番号は必須！

適格返還請求書の発行がいらない取引
- 1万円未満（税込み）の取引
- 3万円未満（税込み）の公共交通機関による旅客の運送
- 郵便切手類などを対価として郵便ポストに投函されたもの
- 3万円未満（税込み）の自動販売機などで無人で行われる販売
- 出荷者等が卸売市場で生鮮食料品等を販売するとき
- 農協、漁協、森林組合などに委託する農林水産物の販売

用語解説　割戻

会計用語で、一定期間に所定の金額や数量以上を購入した場合に購入代金の一部を減額や返金を行うことを指す。簿記上では、販売側は売上割戻、仕入側では仕入割戻として処理を行う。

まとめ

適格返還請求書を発行した場合、すでに発行した適格請求書は捨てずに残しておいてください。

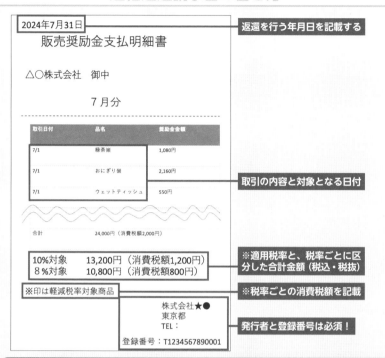

Section

04 インボイスの保存はいつまで何を保存するの？

適格請求書は双方が7年保存する

インボイス制度では、適格請求書を交付する側も受領側も、**7年間保存しなければならない**決まりです。これまでのルールと違うのは、受領側だけでなく交付側にも保存が義務付けられている点です。これは、仕入税額控除を受ける際の原則として、交付側も適格請求書の控えを保存しておくことが条件になっているためです。これまでとはルールが違うので、交付側は覚えておきましょう。もしかしたら突然「○月○日のインボイスを確認させてください」と取引先から連絡があるかもしれません。その際に速やかに対応できるよう、普段から整理しておく必要もあります

税込3万円未満の取引でも保存が必要

これまでは税込3万円未満の取引については請求書の保存は不要でしたが、インボイス制度後はそのルールがなくなり、すべての取引において適格請求書等の保存が必要になります。

とはいえ、一部の取引については適格請求書の発行が免除になる取引もありますし（P140）、経過措置期間中は税込1万円以下の取引なら適格請求書は不要となっています（ただし条件があります。詳しくはP142）。適格請求書が必要だったり不要だったりとややこしさがありますが、間違えないように注意しましょう。

ちなみに、先ほど挙げた発行免除の取引や経過措置期間中の特例に当てはまる取引においては、面倒でなければ適格請求書を交付しても構いません。

保存方法は紙でも電子でもOK

適格請求書の発行や保存は紙でも電子データでもどちらでも構いません。ちなみに電子データでの発行・保存については、8章で改めて説明しますので、そちらを参考にしてください。

インボイス制度では何をいつまで保存する？

インボイス制度の導入後は、適格請求書を発行する側も受け取る側も7年間保存しておかなければなりません。発行側は、「発行したから終わり！」ではないので注意しましょう。

自分

課税事業者

取引先

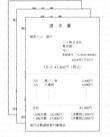

適格請求書の交付

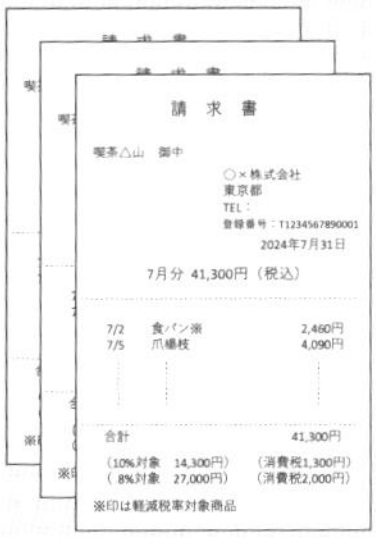

発行した適格請求書の控えを
7年保存する

受領した適格請求書を
7年保存する

これまでは3万円未満の取引においては請求書の保存は不要でしたが、インボイス制度導入後はそのルールがなくなり、保存が義務化されます。

事務負担軽減のためにインボイスを発行しなくてもよいもの

税込1万円以下の取引

売上1億円未満の事業者は1万円未満の仕入れに係る取引については発行しなくてもよい。
ただし2029年9月30日まで。

適格請求書の発行免除になる取引

税込み3万円未満の公共交通機関の運賃等。郵便切手を対価とする郵便サービス。税込3万円未満の自販機による商品の販売。出荷者が卸売市場で行う生鮮食料品の譲渡。生産者が農協、漁協、森林組合等に委託して行う農林水産物の譲渡。

まとめ

これまでとは違い、税込3万円以下の課税取引にも請求書等の保存が必要になりますので注意してください。

Section

05 消費税の端数処理は1回のみのルール

消費税の端数処理のルールが変更になります

消費税計算をすると、どうしても1円未満の端数が発生してしまう時があります。その際の端数処理の仕方は、事業者自身の判断に委ねられています。インボイス制度では、納品書や請求書などに税率ごとに区分した消費税額を記載しなければならないので、端数処理についてのルールを知っておきましょう。

インボイス制度上の端数処理は税率ごとに1回しかできない

これまで消費税の端数処理は「品目や項目ごとの消費税額」または「請求書単位で税率ごとに合計した売上金額を元に計算した消費税額」のどちらかに対して行うというルールがありましたが、インボイス制度導入後は、**「請求書単位で税率ごとに合計した売上金額を元に計算した消費税額」**というルールに統一されることになっていますので注意してください。

要するに、消費税の端数処理は「1枚の適格請求書につき税率ごとに1回ずつしか行えない」ということです。現在の消費税では、軽減税率と標準税率の2つありますので、もしも請求書の中に8％と10％の両方の項目が存在していた場合は、8％で1回端数処理、10％で1回端数処理を行うということになります。実際にどのように行うかは、左の図を参考にしてください。

これまで消費税の端数処理の方法を「品目や項目ごとの消費税額」に対して行っていたという場合は、制度導入後以降は方法を変更しないといけません。ルールと違う端数処理を行ってしまうと、仕入税額控除が行えなくなってしまいます。消費税の端数処理を間違えて適格請求書を発行してしまった場合は、適格請求書を再発行する必要があります。間違えた適格請求書の修正方法や再発行の方法については6章で触れていますが、ちょっとした端数処理のミスであっても、適格請求書を受領側が修正することはできないというルールです。

消費税の端数処理の方法を知ろう

インボイス制度開始前

インボイス制度前は商品ごとに消費税を端数処理できた

請求書

酒房△島　御中

★●株式会社
東京都
TEL
登録番号：T1234567890001

2024年7月31日

7月分 34,532円（税込）

取引年月日	品名	数量	単価	税抜価格	消費税額
7/3	ナッツ※	23	413	9,499円	
7/7	焼酎	10	1,250	12,500円	
7/15	ツナ缶※	45	187	8,415円	
7/25	割り箸	15	87	1,305円	
8%対象				17,914円	1,433円
10%対象				13,805円	1,380円

※印は軽減税率対象商品

商品ごとに端数処理を行う

インボイス制度開始後

インボイス制度後は商品ごとではなく、1請求書につき各税率ごとに1回のみ!

請求書

酒房△島　御中

★●株式会社
東京都
TEL
登録番号：T1234567890001

2024年7月31日

7月分 34,532円（税込）

取引年月日	品名	数量	単価	税抜価格	消費税額
7/3	ナッツ※	23	413	9,499円	
7/7	焼酎	10	1,250	12,500円	
7/15	ツナ缶※	45	187	8,415円	
7/25	割り箸	15	87	1,305円	
8%対象				17,914円	1,433円
10%対象				13,805円	1,380円

※印は軽減税率対象商品

税率ごとに1回だけ端数処理を行う

まとめ

消費税の端数処理のルールは、1枚の適格請求書につき税率ごとに1回のみと覚えておきましょう。

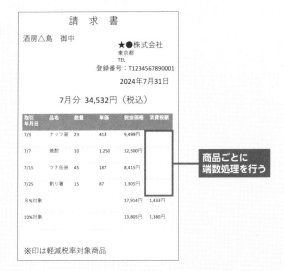

Section

06 請求書と納品書を併せて記載事項を満たせばよい？

請求書1枚にまとめなくてもOK

インボイス制度開始後、仕入税額控除を受けるために必要な記載事項は1枚にまとまっていなくても大丈夫です。たとえば請求書と納品書を併せて、必要な記載事項が書かれていれば適格請求書と同じ扱いをすることが可能です。記載されていないといけない事項は、P112で紹介した内容です。取引の状況によっては、1枚の請求書で書ききれない場合や納品する度に納品書を送付し月末に請求書を発行するというルールになっている場合があると思います。仕入税額控除の要件はあくまで定められた記載事項が満たされているかどうかや、発行者が適格請求書発行事業者であるかどうかが重要なので、**1枚の適格請求書ですべてをまとめなくてならないというわけではない**のです。

　請求書と納品書を併せて記載事項を満たす方法としては、主に次のような2通りの方法があります。

納品書に取引内容だけを記載する方法

1つめの方法は、納品書に取引内容だけを記載し、その他の必要な記載事項はすべて請求書にまとめてしまうという方法です。左の図のように、納品書にはそのつど行われる取引の内容だけと価格だけを記載して、税率ごとに区分した消費税額等や税率ごとに区分した合計金額と適用税率などの細かい記載は請求書にまとめて記載します。

請求書に合計金額と納品書番号だけを記載する方法

もう1つの方法は先ほどの反対で、納品書にしっかり記載して請求書を簡素化するという方法です。具体的には、納品書に取引の内容や税率ごとに区分記載した合計金額と税率、消費税の合計金額を記載し、請求書にはそれぞれの納品書ごとの合計金額を記載するというものです。

適格請求書と納品書で記載事項を満たせる

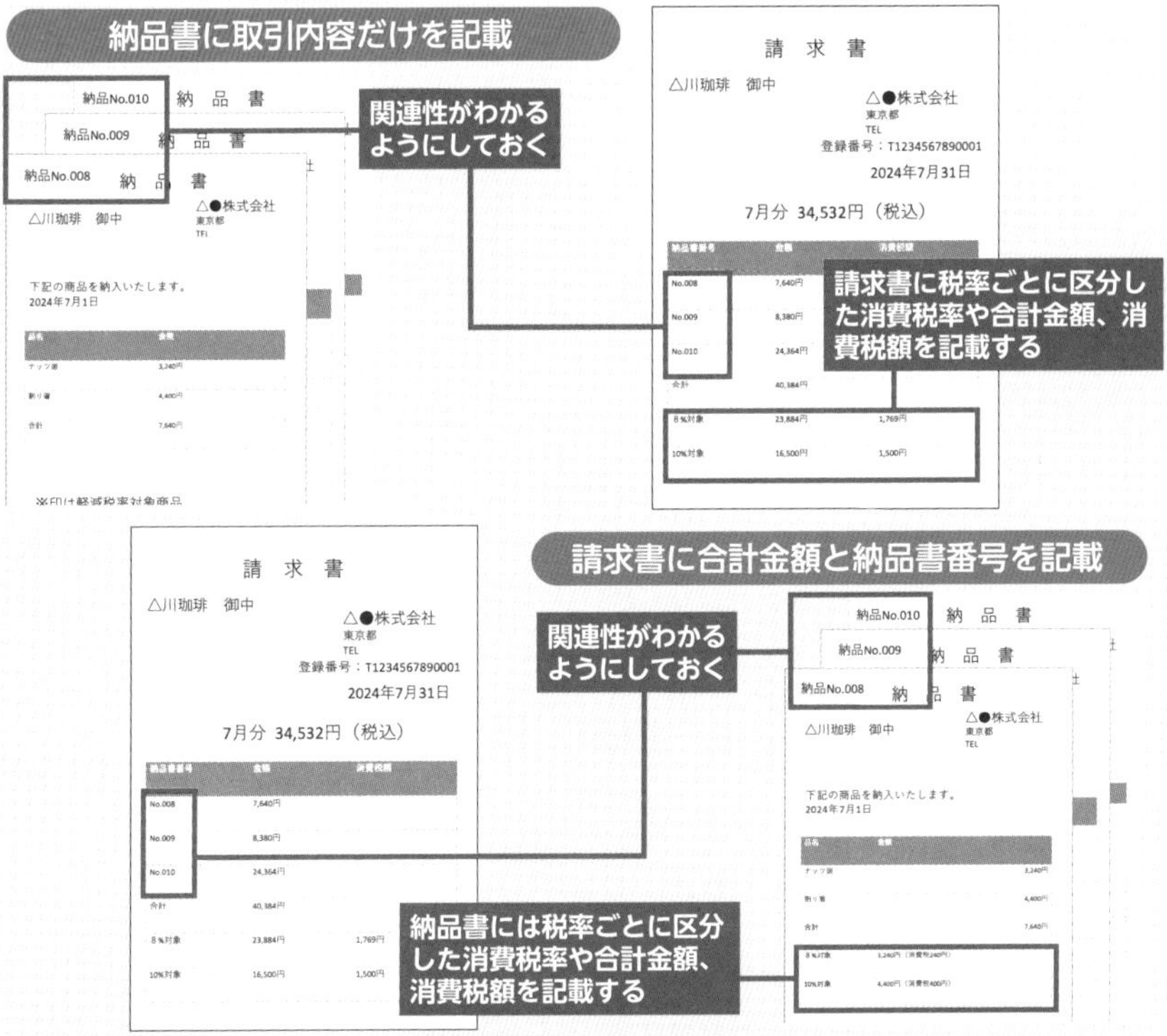

請求書と納品書は絶対必要なの？
請求書は発行しなければ、相手から入金してもらえないので発行しなければなりません。一方納品書は、納品物と一緒に同封するもので依頼主を安心させるために用いられることが多いです。必ずしも納品書が必要ではありませんが、慣習や取引先が求める場合は発行した方がよいケースもあります。

用語解説　納品書

取引先に対して商品やサービスを納めた際に発行する書類で、日時・納品物・数量・価格・納品先が記載されている。ただし、納品書を発行する義務はない。

まとめ

適格請求書1枚に書ききれない場合は、納品書等と併せて記載事項を満たしていればOKです。

Section

07 立て替え払いがあったときの対応方法

事業者間の立て替えは「立替金請求書」で対応する

取引先との間で「○○については支払いを立て替えておいてもらえますか？」という話になることがあります。あくまでも一部の例ですが、出張の際の交通費の立て替えや、施設利用料の立て替え、配送料の立て替えなどはよくあることではないでしょうか。商業施設等に入居している施設であれば、施設側が電気代等の光熱費を立て替えてくれている場合もあると思います。このように事業者同士で立て替えがある場合の対応は、**「立替金請求書」**などを発行して対応していきます。

立て替え払いもインボイスが必要

立て替え払いが発生した場合の対応については、先ほど例に挙げた備品購入を例にとり考えてみましょう。

会社Aがフリーランスのカメラマン Bに、撮影のために使用した施設Cの費用を立て替え払いしてもらったとします。この時、会場利用料の支払いの際に施設Cから発行される適格請求書は宛名がカメラマンBとなっているため、このままでは会社Aは施設利用料を経費として仕入税額控除の対象にすることができません。そこでどのようにするかというと、費用を立て替えたカメラマンBが、施設Cから受け取った適格請求書のコピーと**「立替金精算書」**を会社Aに送ります。会社Aは、カメラマンBから受け取った適格請求書のコピーと「立替金精算書」を保存しておくことで、支払った仕入税額控除の対象にできます。

ちなみに、会社Aと施設Cの間に入っていたカメラマンBは適格請求書発行事業者である必要はありません。カメラマンBが免税事業者だったとしても、施設利用料の適格請求書の発行元である施設側が適格請求書発行事業者であれば問題ないのです。また、間に入って直接適格請求書の原本を受け取ったカメラマンは、受け取った適格請求書を保存しておかなければなりません。

立て替え払いがある時は要注意！

撮影で利用する施設料を立て替えた場合

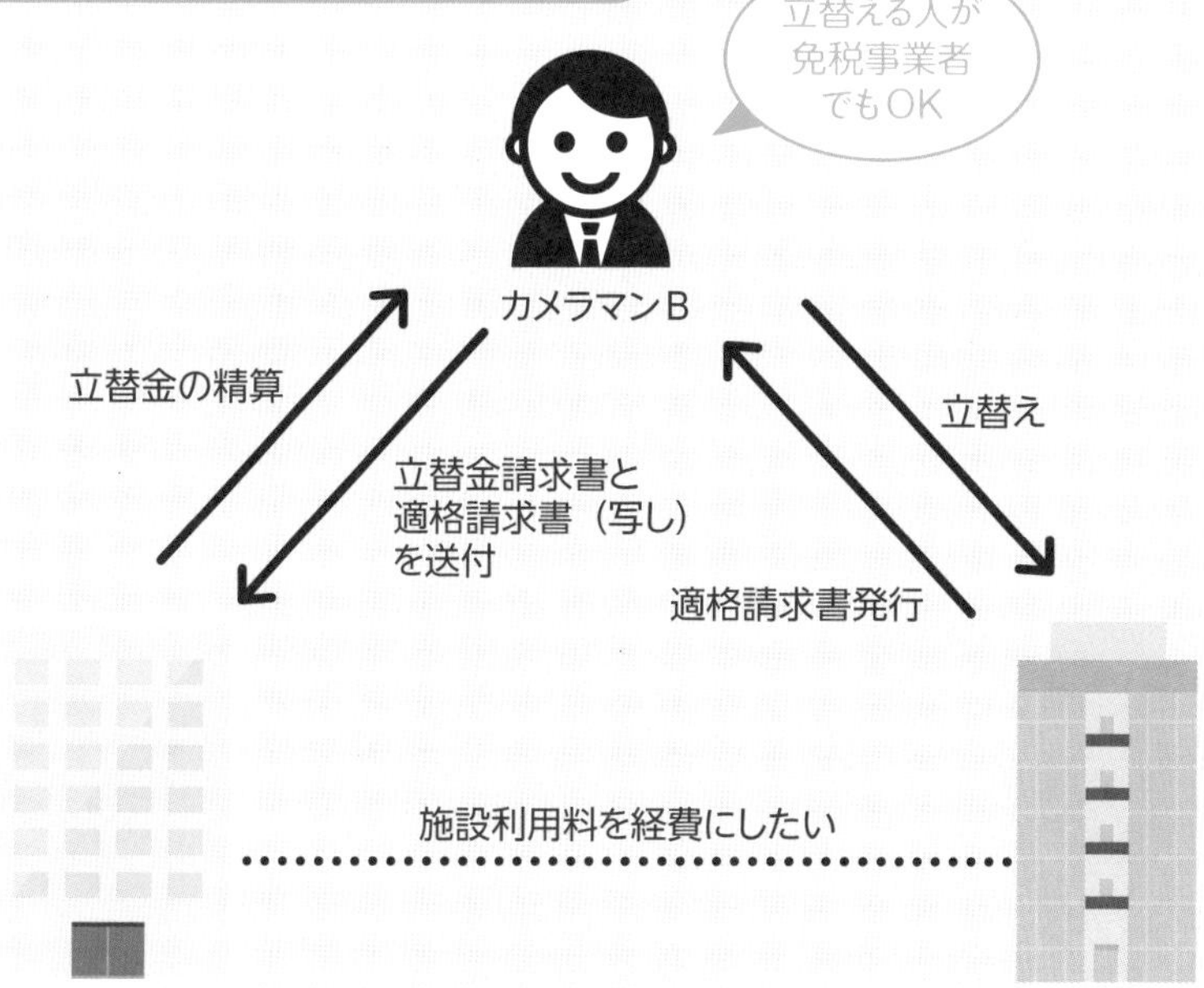

立替金請求書とは？

取引先に代わり、代金の支払いが発生した場合に、自分が支払った代金を請求するための書類

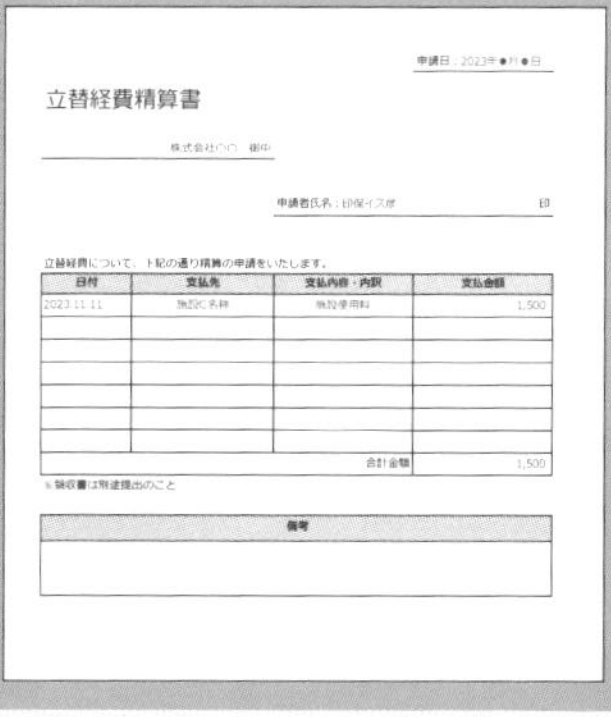

申請日：2023年●月●日

立替経費精算書

株式会社○○　御中

申請者氏名：印保イス彦　印

立替経費について、下記の通り精算の申請をいたします。

日付	支払先	支払内容・内訳	支払金額
2023.11.11	施設C名称	施設使用料	1,500
		合計金額	1,500

※領収書は別途提出のこと

備考

まとめ

立て替え払いを行う場合は、立て替えを行なった人から適格請求書のコピーをもらっておきましょう。

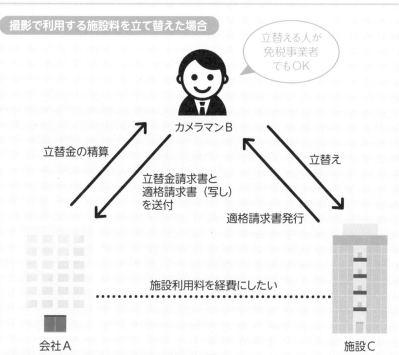

Section

08 クレジットカードの支払いは明細書があれば大丈夫？

カード明細書だけでは不十分

毎月のサービス利用料や接待交際費など、さまざまな経費の支払いをクレジットカードで行っている事業者が多いと思います。これまでであれば、クレジットカードを利用して経費の支払いをした場合、経費の支払い先から発行してもらう領収書やレシート、クレジット売上票などがあれば仕入税額控除の対象にできていました。でも、インボイス制度後はこれらの方法では認めてもらえなくなる可能性があります。

というのも、クレジットカードで支払った際に受け取るクレジット売上票に、仕入税額控除を受けるために必要な記載事項が記載されていない可能性があるからです。繰り返しお伝えしているように、**仕入税額控除の対象になるのは、定められた記載事項が記載された適格請求書あるいは適格簡易請求書のみ。**クレジット売上票が対象にならない訳ではなく、これまでと同じ売上票では記載事項が不足しているので対象にならないということです。

ちなみに、クレジット会社から発行されるクレジット利用明細書も対象にはなりません。仕入税額控除は、商品またはサービスを提供した事業者が発行する適格請求書・適格簡易請求書が対象になりますから、商品やサービスを提供していないクレジット会社はそもそも適格請求書・適格簡易請求書を発行することができないのです。

税込3万円以下のカード払いの時の領収書は捨てないこと！

また税込3万円以下の経費の支払いの場合は、領収書を保存せずにカード明細書を元に帳簿に記載して、仕入税額控除を受けるということも可能でした。しかし、インボイス制度後はこれらの方法では認めてもらえなくなります。

クレジットカードで支払った時の対応

経費などをクレジットカードで支払った場合、仕入税額控除の対象にするには「経費の支払い先が発行する、記載事項が書かれたクレジット売上票または領収書」が必要です。

クレジットカードで支払いをした場合の流れ

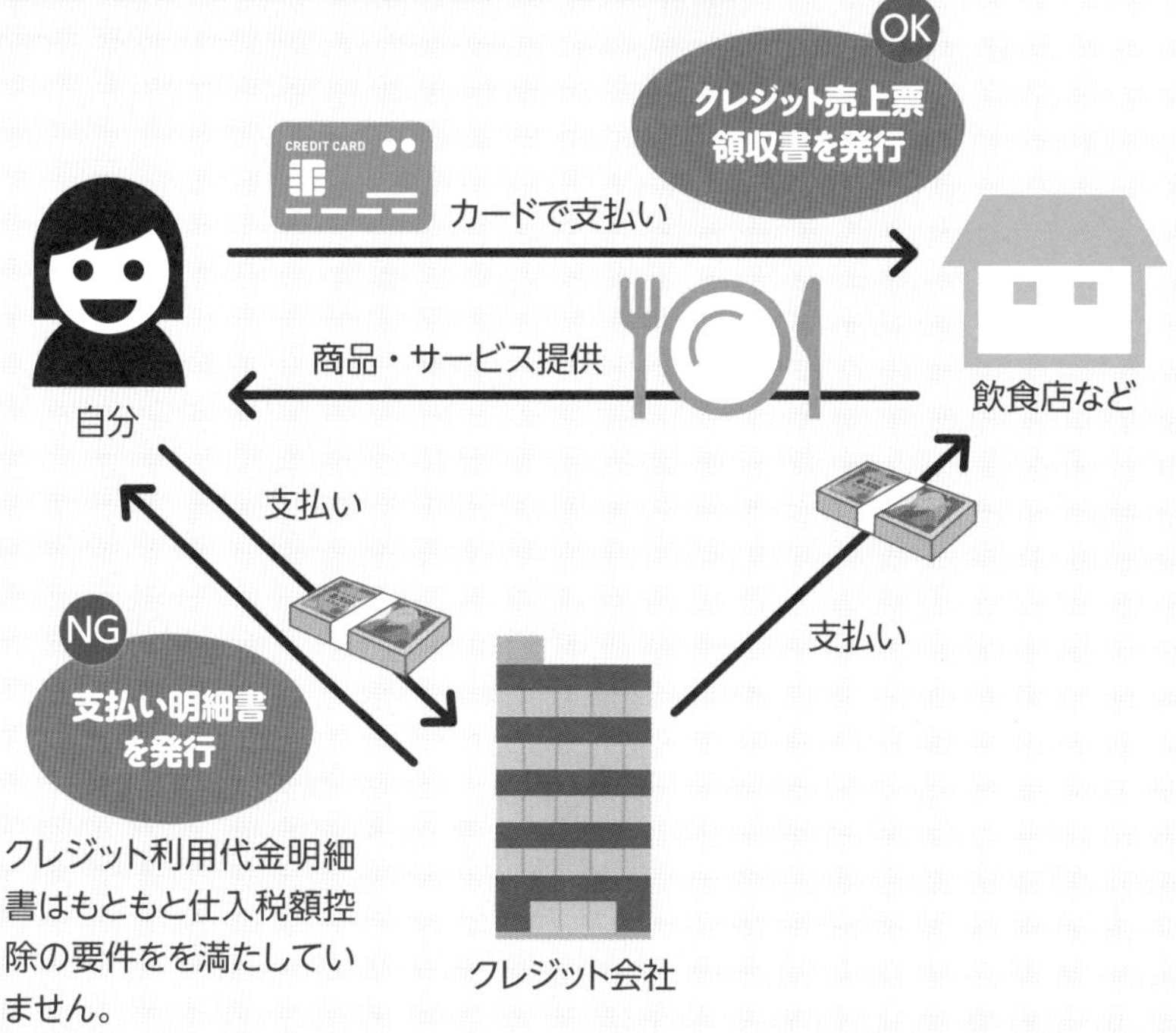

クレジット売上票は要確認！

経費の支払い先が発行する「クレジット売上票」は、これまで通りの記載内容では、インボイス制度に対応していません。
記載内容がしっかり書かれているかをチェックしましょう。

まとめ　**クレジットの支払い明細書は、もともと仕入税額控除に必要な要件を満たしていないので注意！**

Section

09 家賃や口座振替がある場合の対応は？

口座振替は、契約書と通帳の組み合わせで対応しよう

前項ではクレジットカードで支払いを行った場合の対応について説明しましたが、ここでは口座振替によって支払いを行っている場合の対応について説明していきます。

事務所の家賃の支払いや定期サービスの利用料、あるいは税理士や弁護士の顧問料の支払いなどを毎月口座振替で行っている場合は、支払いの都度、請求書や領収書を発行してもらうことがありません。例えば事務所の家賃を口座振替で支払っている場合は、毎月決められた日に口座から引き落としされるだけで、領収書などの発行はありません。事務所として使用しているのであれば、家賃は本来経費に計上できるものですが、インボイス制度後はこうした家賃の支払いに対しても適格請求書等がなければ仕入税額控除を受けることができません。家賃を支払った証拠として、口座の通帳や払込金受領書もありますが、これだけでは不十分です。

家賃を支払った分を仕入税額控除の対象にするには、**事務所を契約した際に交わした「賃貸借契約書」と家賃を支払っている口座の通帳コピーの組み合わせ**で対応できます。ただし、あくまでもこの組み合わせによって記載すべき事項がすべて満たされていなくてはなりません。通帳に記載されるのは「取引年月日」と「取引の金額」のみです。

家賃の支払いが課税対象になるかを確認しておく

家賃の支払いを経費として仕入税額控除の対象にしたい場合は、そもそも家賃が課税取引かを確認しておかなければなりません。というのも、P24でも説明したように、消費税の課税対象になるのは、課税取引に該当するものだけです。一般住宅用のアパートやマンションの家賃は非課税取引として消費税の課税対象になっていないことがあります。

家賃や口座振替がある時の対応

事務所や店舗、駐車場など、事業で使用するために家賃を口座振替で支払っている場合や、顧問への毎月の支払いを口座振替にしている場合は、契約書と通帳のコピーがあれば仕入税額控除ができます。

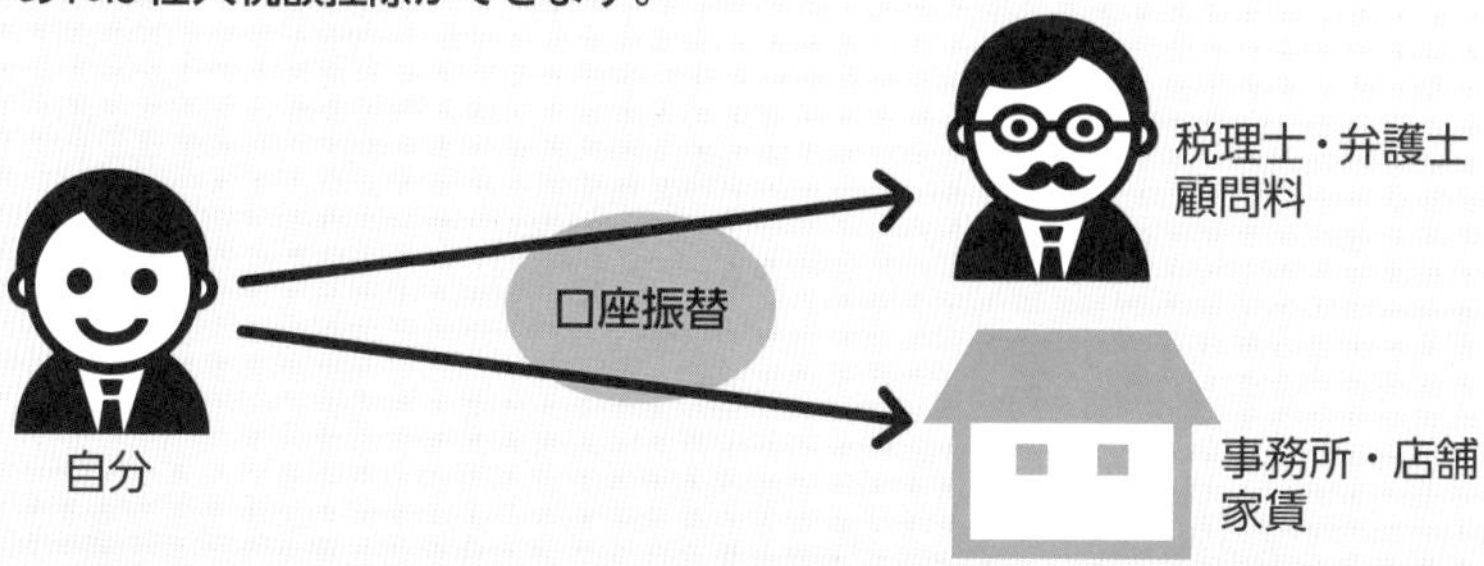

通帳に記載されない事項は、契約書で対応！

- 発行者の氏名または名称 契
- 取引年月日 通
- 取引内容 契
- 取引金額 通
- 受領者の氏名または名称 契
- 取引金額に対する適用税率・消費税額 契
- 登録番号 契

契約書/賃貸借契約書

通帳

家賃が課税取引かどうかを確かめよう！

課税取引	課税取引非課税取引
店舗・事務所 駐車場	住宅用のアパート・マンション土地

まとめ

事務所家賃を経費として仕入税額控除を行うには、契約書と通帳のコピーの組み合わせで対応します。

Section

10 消化仕入れがある時は、買い手側作成の仕入れ明細書も有効！

商品が売れた時に仕入れとみなされる「消化仕入れ」

飲食店や雑貨店、スーパーなどでは、製造者やクリエイターから商品を仕入れる際に消化仕入れを行っている場合もあります。**消化仕入れ**とは、商品が売れた時にはじめて仕入れとみなす取引のことです。消化仕入れの場合、実際に商品が売れるまでは所有責任が製造者やクリエイターになります。そのため、販売する側は在庫を持たなくてもいいので在庫リスクを軽減させられます。

通常の仕入れであれば、仕入れ先となる製造者やクリエイターから商品を仕入れた時に代金を支払う代わりに適格請求書を発行してもらうのが一般的な流れです。でも消化仕入れを行う場合は、仕入れる側が仕入れ明細書を発行して製造者やクリエイターに渡していることもあります。この時に使われる仕入れ明細書は、必要な記載事項を満たしていれば適格請求書の代わりとすることができます。

買い手が作成する時の書き方と注意事項

仕入れる側（買い手）が作成した仕入れ明細書を適格請求書の代わりにしたい場合の注意点は2つあります。1つめは、仕入れ先（売り手）の事業者登録番号を記載しなければならないということ。2つめは、作成した仕入れ明細書の内容を、きちんと仕入れ先（売り手）に確認してもらわなければならないということです。

仕入れ明細書に必要な項目は次の通りです。

仕入れ明細書に必要な項目

①仕入れ明細書を作成する側の氏名または名称
②取引年月日　③取引内容
④税抜き価格または税込み価格を税率ごとに区分した支払い金額、及び適用税率
⑤税率ごとに区分した消費税額等
⑥仕入れ先の氏名または名称
⑦⑥の適格請求書発行事業者登録番号

買い手が発行する仕入れ明細書でインボイス対応もできる

仕入れ明細書

❻印保食品　御中
❼登録番号：T1234567890001

売り手の事業者登録番号を記載する必要がある。

★●株式会社 ❶
東京都
TEL

❷2024年7月31日

合計　34,532円（税込）

❸

取引年月日	品名	数量	単価	税抜価格	消費税額
7/3	ナッツ※	23	413	9,499円	
7/7	焼酎	10	1,250	12,500円	
7/15	ツナ缶※	45	187	8,415円	
7/25	割り箸	15	87	1,305円	
8％対象			❹	17,914円	1,433円 ❺
10%対象				13,805円	1,380円

※印は軽減税率対象商品

作成したら、仕入れ先（売り手）に内容を確認してもらい許可をとったら保存する

仕入れ明細書に必要な項目

❶仕入れ明細書を作成する側の氏名または名称
❷課税仕入れを行なった年月日
❸課税仕入れの内容（軽減税率の対象品目である旨）
❹税率ごとに区分して合計した対価の額
❺税率ごとに区分した消費税額等
❻仕入れ先の氏名または名称
❼❻の登録番号

用語解説 消化仕入れ

「売上仕入れ」とも呼ばれる仕入れの取引形態のこと。商品が顧客に売れた時点で、はじめてその商品を仕入れたと見なし、その売上高の一定割合を仕入れ代金として仕入れ先に支払うというもの。

まとめ

買い手に仕入れ明細書を作成してもらう場合は、その内容に誤りがないかを確認してください。

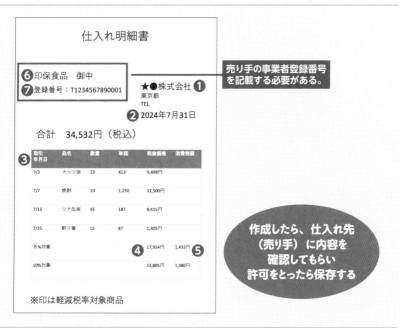

Column

1万円未満の取引における返金の場合も適格返還請求書は不要です。

令和５年度の税制改正で、税込み1万円未満の取引の場合は適格請求書の発行が不要になりました。それと同様に、返金や値引き等があった場合に発行する適格返還請求書も発行が免除されます。税込み1万円未満の取引において、返金や値引きがあった場合には、適格返還請求書を発行しなくても構いません。

適格請求書の発行の場合は、期間限定でかつ適用される事業者にルールが定められていましたが、こちらは特に期限がなく、すべての事業者が使えます。少額な取引に対してもいちいち適格請求書や適格返還請求書を発行しなければならないというルールに面倒くささを感じていた事業者は少なくないと思いますが、この制度改正によって多少軽減された形になります。適格返還請求書については、5章「返品や値引きがあった時の対応方法は？」で、もう一度確認してみてください。

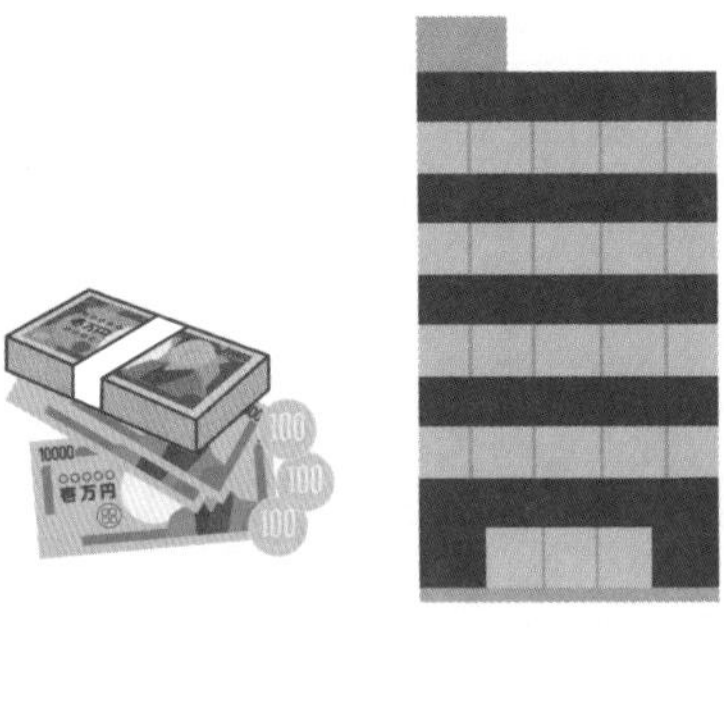

Chapter 6

適格請求書発行事業者の義務と罰則とは

めでたく課税事業者になってもまだ本音は変わらず
うう払いたくない……
消費税を払いたくないよう
いやだーいやだー
デジャヴかしら……?
寝よう
くどいようだけど年貢のオサメどきよマチ子
む!
画期的なことを思いついたよススム!
逆に何も考えず以前の書式のまま請求書を送ればいいんじゃないかな!?
旧式に戻す
請求書
逆に!
コロンブスの卵!
・税率ごとの適用税率
・税率ごとに区分した消費税額等
・登録番号

登録番号の記載がなければ
取引先が求めてきませんか?
何度も言いましたが
インボ……?
私のような怠け者には
何も、何もわからないのですぅ
……って、
ごまかす!!!
減収を恐れるあまり外道に落ちたわねマチ子
登録済みの事業者がそんなことをしたら
警察ですよ
ぐりぐり
え!
取引先が求めてきたのにインボイスの交付を断ることは
違法です
犯罪!?

インボイスを交付したくないなら、免税事業者でいることを選べばいいわ
そうでないなら、インボイスを交付する義務があるのよ
そりゃそうだ……
ちなみに交付を免除されている取引もありますよ
え
例えば自動販売機
※3万円未満の商品
もしもジュースを1本買う度にインボイスを刷るとしたら?
きゃく
煩雑すぎるし現実的には困難ね
大量のインボイス
そりゃそうだ
きゃく
きゃく
きゃく
いいなあ自販機はインボイスと無縁なんだ……

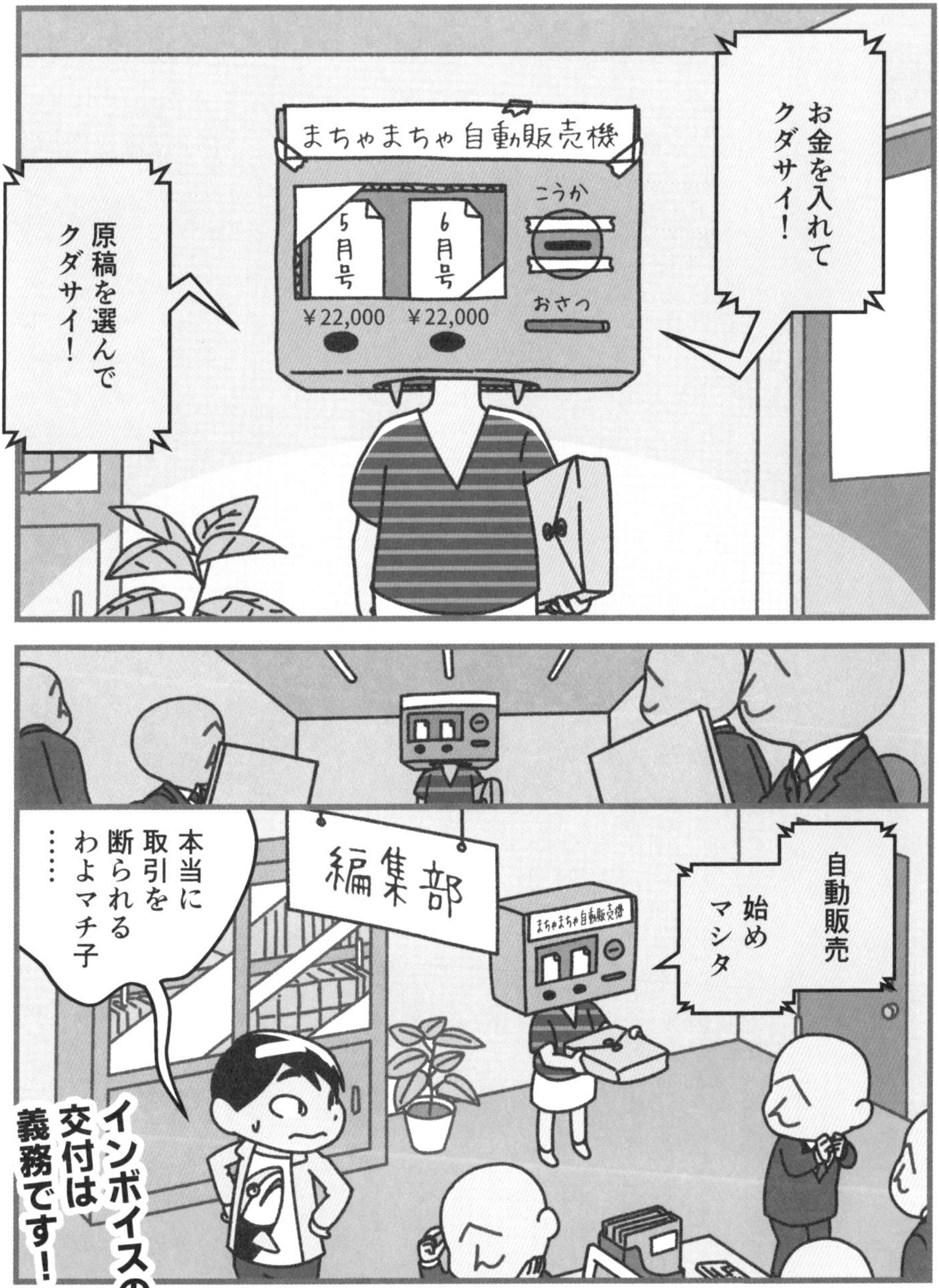
まちゃまちゃ自動販売機
5月号
6月号
¥22,000
¥22,000
こうか
おさつ
お金を入れてクダサイ!
原稿を選んでクダサイ!
自動販売始めマシタ
編集部
まちゃまちゃ自動販売機
本当に取引を断られるわよマチ子……
インボイスの交付は義務です!

Section

01 適格請求書交付のルールを知っておく

課税事業者に対する適格請求書交付義務があります

ここでは、適格請求書発行事業者としてルールを守っていくために、適格請求書の交付ルールについて解説していきます。

適格請求書発行事業者になったら、課税事業者から求められた際に原則として「適格請求書」または「適格簡易請求書」を交付しなければなりません。また、交付した後はその写しも保存しておく必要があります。

さらに、適格請求書の交付後に5章で説明したような返品等（P116）が生じた場合は、すみやかに「適格返還請求書」を交付しなければなりません。

繰り返しお伝えしていますが、適格請求書や適格簡易請求書が発行できるのは、適格請求書発行事業者のみです。課税事業者になれば自動的に適格請求書発行事業者になるわけではなく、課税事業者登録と適格請求書発行事業者の登録の両方を行わなければなりません。

適格請求書の交付に関する禁止事項

先ほど、適格請求書や適格簡易請求書が発行できるのは、適格請求書発行事業者のみだとお伝えしました。事業者登録を行っていない事業者が適格請求書に見えるような書類を作成して交付することは禁止されています。

また、適格請求書発行事業者に関しても、偽りの記載をした適格請求書や適格簡易請求書の交付は禁止されています。

これらの禁止事項を行った場合には、**1年以下の懲役または50万円以下の罰金**と定められています。

ちなみに、適格請求書発行事業者が故意に行ったわけではない場合、要するに入力ミスや計算ミス、記載忘れなどがあった場合は、発覚したらすぐに再交付を行ってください。記載事項に誤りがあった際の対応方法については、144Pの「記載事項に誤りがあったときの対応は？」を参考にしてください。

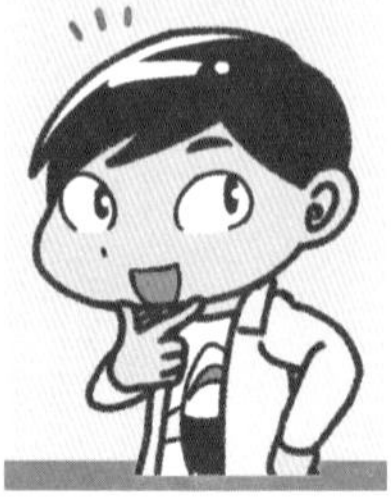

適格請求書交付のルールを知っておこう

適格請求書の交付ルール

課税事業者から求められた際に適格請求書・または適格簡易請求書を交付しなければならない。
対価の返金等がある場合は「適格返還請求書」を交付する。

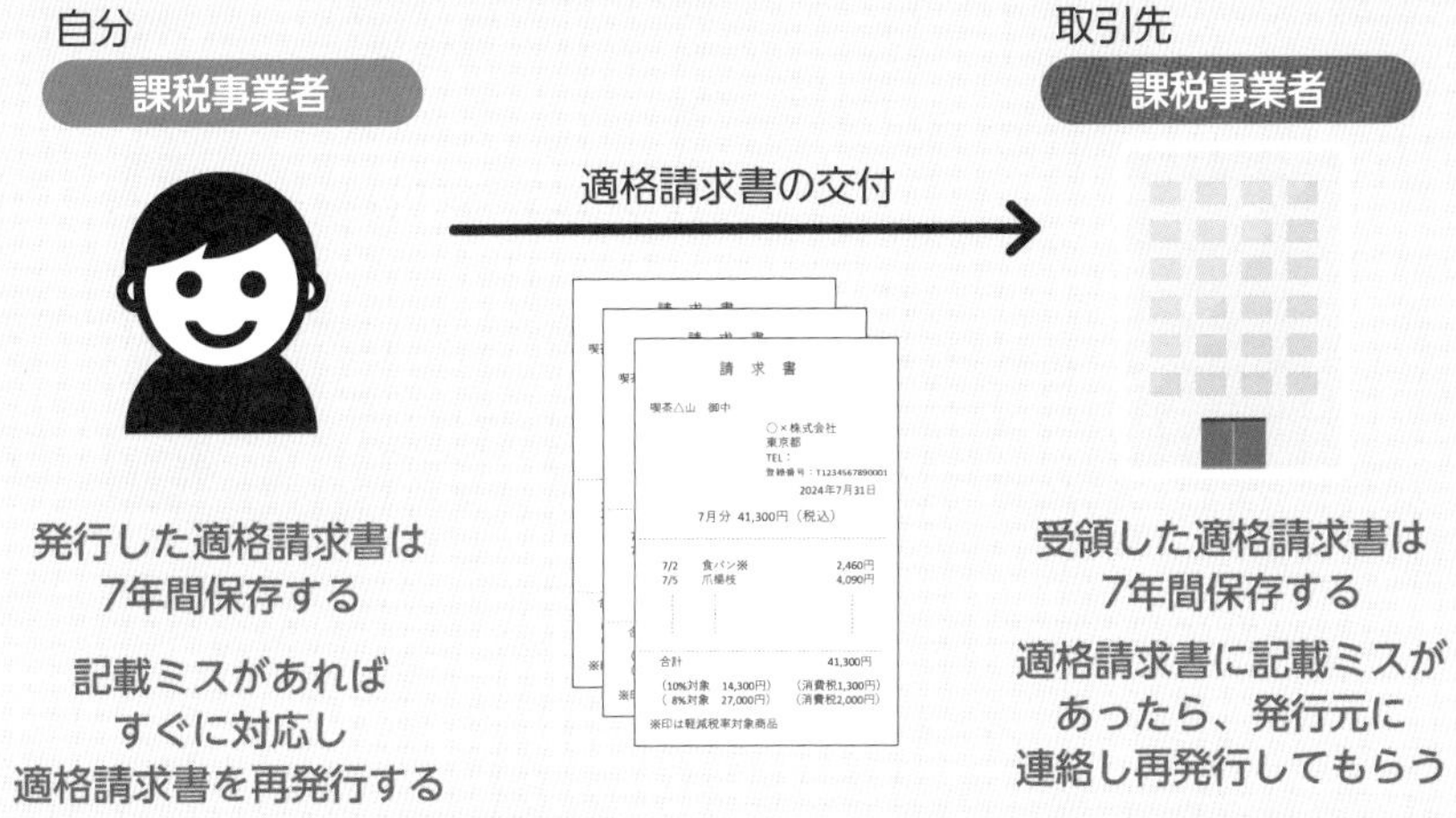
自分
課税事業者
取引先
課税事業者
適格請求書の交付
請求書
発行した適格請求書は7年間保存する
記載ミスがあればすぐに対応し適格請求書を再発行する
受領した適格請求書は7年間保存する
適格請求書に記載ミスがあったら、発行元に連絡し再発行してもらう

適格請求書交付に関する禁止事項

適格請求書発行事業者でないものが偽の適格請求書を作成し交付してはならない。
適格請求書発行事業者が偽りの適格請求書を作成し交付してはならない。

禁止事項を行った場合
1年以下の懲役、または50万円以下の罰金に

まとめ

適格請求書を発行するには事業者登録が必須です。偽造インボイスを発行するのは違法です。

Section 02

適格請求書の交付義務が免除される場合がある？

適格請求書の交付をしなくてもいい場合

適格請求書発行事業者になったら、原則として適格請求書の交付が義務付けられていますが、一部の場合は免除される特例があります。

適格請求書の交付義務が免除になる場合

①公共交通機関特例……3万円未満の公共交通機関における旅客の運送

②卸売市場特例……出荷者が卸売市場において行う生鮮食料品の譲渡

③農協特例……生産者が農協や漁協、森林組合等に委託して行う農林水産物の譲渡

④郵便特例……郵便切手を対価とする郵便サービス

⑤自動販売機特例……3万円未満の自動販売機・自動サービス機による商品の販売

これら5つに該当する業種の事業者は、適格請求書発行事業者となった場合でも交付しなくてよいことになっています。これらに該当しない事業者の場合は、必ず適格請求書を発行するようにしてください。

適格請求書がなくても仕入税額控除を受けられる場合

ここで、「適格請求書を発行してもらわないと、適格請求書の保存そのものができないので、仕入税額控除が受けられなくなるのでは？」と思われた人もいるでしょう。インボイス制度上のルールとしては基本的に仕入税額控除の適用を受けるためには、適格請求書の保存が義務付けられていますが、一部の取引の場合は適格請求書の保存がなくても仕入税額控除の適用を受けることができます。それが次に記載する取引になります。

適格請求書がなくても仕入税額控除が受けられる取引

①災害等の被災者の場合

②**特定課税仕入れ**に係る特例

③適格請求書の保存を要しない取引

⑤簡易課税制度を適用する場合

適格請求書の交付が免除になる取引（特例）

公共交通機関特例
税込3万円未満の公共交通機関における旅客の運送

卸売市場特例
出荷者が卸売市場において行う生鮮食料品の譲渡

農協特例
生産者が農協が漁協、森林組合等に委託して行う農林水産物の譲渡

郵便特例
郵便切手を対価とする郵便サービス

自動販売機特例
税込3万円未満の自動販売機・自動サービス機による商品の販売

軽減措置（2029年9月30日まで）
1万円未満の取引
・年間課税売上が1億円以下、特定期間の課税売上が5,000万円以下の事業者
・取引額が税込1万円未満の課税仕入れ

適格請求書の保存がなくても仕入税額控除ができる取引

・災害等の被災者の場合
・特定課税仕入れに係る特例
インターネットを介した電子書籍・音楽・広告の配信
芸能人として行う映画の撮影、テレビへの出演
俳優、音楽家として行う演劇や演奏
スポーツ競技大会などのイベントや催し物への出場など
・適格請求書の保存を要しない取引
税込3万円未満の公共交通料金
税込3万円未満で購入する自動販売機での購入
郵便切手を貼り、郵便ポストに投函するタイプの配達サービス
映画館のチケット
適格請求書発行事業者以外からの古物買取
出張旅費・宿泊費・通勤手当などの支給
棚卸資産として購入する再生部品
・簡易課税制度を適用する場合

用語解説　特定課税仕入れ
国内において国外事業者から受けた「事業者向け電気通信利用役務の提供」および「特定役務の提供」のこと

まとめ

交付しなくてもOKの業種があります。受け取る側としても覚えておくとよいです。

Section

03

適格請求書の保存が必要ない取引って？

帳簿の記載だけで仕入税額控除できる取引

適格請求書の保存を要しない取引について具体的に説明していきます。

インボイス制度では、適格請求書を発行するのが難しい取引については、適格請求書の保存がなくても帳簿の記載があれば仕入税額控除ができるとしています。適格請求書の発行が難しい取引というのは、次のような場合です。

適格請求書の発行がいらない取引の例

・税込3万円未満の公共交通料金
・税込3万円未満で購入する自動販売機での購入
・郵便切手を貼り郵便ポストに投函するタイプの配達サービス
・適格簡易請求書の記載事項を満たす入場券などで、使用時に回収される場合
・古物営業、質屋、宅地建物取引業を営む事業者が適格請求書発行事業者以外から買い取るとき
・適格請求書発行事業者以外から再生資源または再生部品を棚卸資産として購入するとき
・出張旅費、宿泊費、通勤手当等を支給するとき

改 1万円未満の取引なら適格請求書は不要

先ほど、「適格請求書の発行がいらない取引の例」で触れた取引以外に、軽減措置として1万円未満の取引には適格請求書が不要になります。これを少額特例といいます。ただしこれを適用できる事業者は、基準期間の課税売上が1億円以下の事業者、または特定期間の課税売上が５０００万円以下の事業者に限ります。さらに適用できる期間も限られています。２０２９年9月30日以降はこの経過措置は適用されなくなってしまうので注意してください。経過措置の期間を過ぎると、基本的には税込1万円未満の課税取引全般で適格請求書等の保存が必要になります。

適格請求書を保存しなくてもいい取引って？

事業や取引の特性上、適格請求書を発行するのが難しい取引の場合は、適格請求書の保存がなくても帳簿の記載のみで仕入税額控除の対象にすることができます。

公共交通料金
税込3万円未満の公共交通料金を支払った場合は、帳簿のみの記録でよい

自動販売機での購入
税込3万円未満で購入する自動販売機での購入

映画館などのチケット
適格簡易請求書の記載事項を満たす入場券などで使用時に回収される場合

配達サービス
郵便切手を貼り、郵便ポストに投函するタイプの配達サービス

旅費・手当を支給するとき
出張旅費・宿泊費・通勤手当などを支給するとき

適格請求書発行事業者以外からの古物買取など
古物営業、質屋、宅地建物取引業を営む事業者が、適格請求書発行事業者以外から買取り・購入するとき

再生部品を棚卸資産として購入するとき
適格請求書発行事業者以外から再生資源または再生部品を棚卸資産として購入するとき

適格請求書の保存は不要ですが、帳簿の保存は必要です!

用語解説 棚卸資産
企業が販売する目的で一時的に保有している商品・製品・原材料・仕掛品の総称です。 一般的に、在庫と呼ばれることもあります。

まとめ

1万円未満の取引なら適格請求書の保存がなくてもOKですが、期間限定で適用される事業者は限られます。

Section

04 記載事項に誤りがあったときの対応方法は？

間違いを発見しても、勝手に修正してはダメ

一度発行してしまった適格請求書の中に入力ミスなどの間違いを発見してしまった場合には、どのような対応をしたらいいのでしょうか。インボイス制度の導入後、受け取った適格請求書の記載事項に誤りを発見した場合は、**発行側に連絡をし、再度新しい適格請求書を作成し直し**てもらってください。

自分が発行側として、記載ミスのある適格請求書を発行してしまった場合は、指摘があった時もしくは自分でミスに気がついた時点で速やかに相手に連絡し、新しい適格請求書を交付してください。その際の日付は、元の発行日時で構いません。

間違えてしまった適格請求書の修正方法

次に、適格請求書の修正方法について説明します。修正の方法としては、①「最初に発行したものとの関連性と、修正した事項を明記した適格請求書を発行する方法」か②「ミスを修正し、再度適格請求書を発行する方法」の2つの方法があります。

どちらを選んでも構いませんが、発行側も受け取り側もシンプルでわかり安いのは、②の「ミスを修正し、再度適格請求書を発行する方法」です。ただ、この時に注意しておきたいのは、修正が済んだからといって元の適格請求書もきちんと保管しておいたほうがよいこともあるということです。

誤りのある適格請求書は、仕入税額控除の対象にはなりませんが、①の場合、正しいほうだけが残っていても、取引の全容が把握できない恐れがあるからです。

②のパターンで受け取った場合は、誤りのあるほうを破棄しても構いません。

なお、破棄するかどうかの話は適格請求書を受け取る側の話で、発行側はどちらの場合でも修正前・修正後のものを保管しておく必要があります。

記載事項にミスがあった時の対処方法

適格請求書の記載事項のミスを発見したら、発行者に修正してもらいます。受領側が勝手に修正するのは無効です。

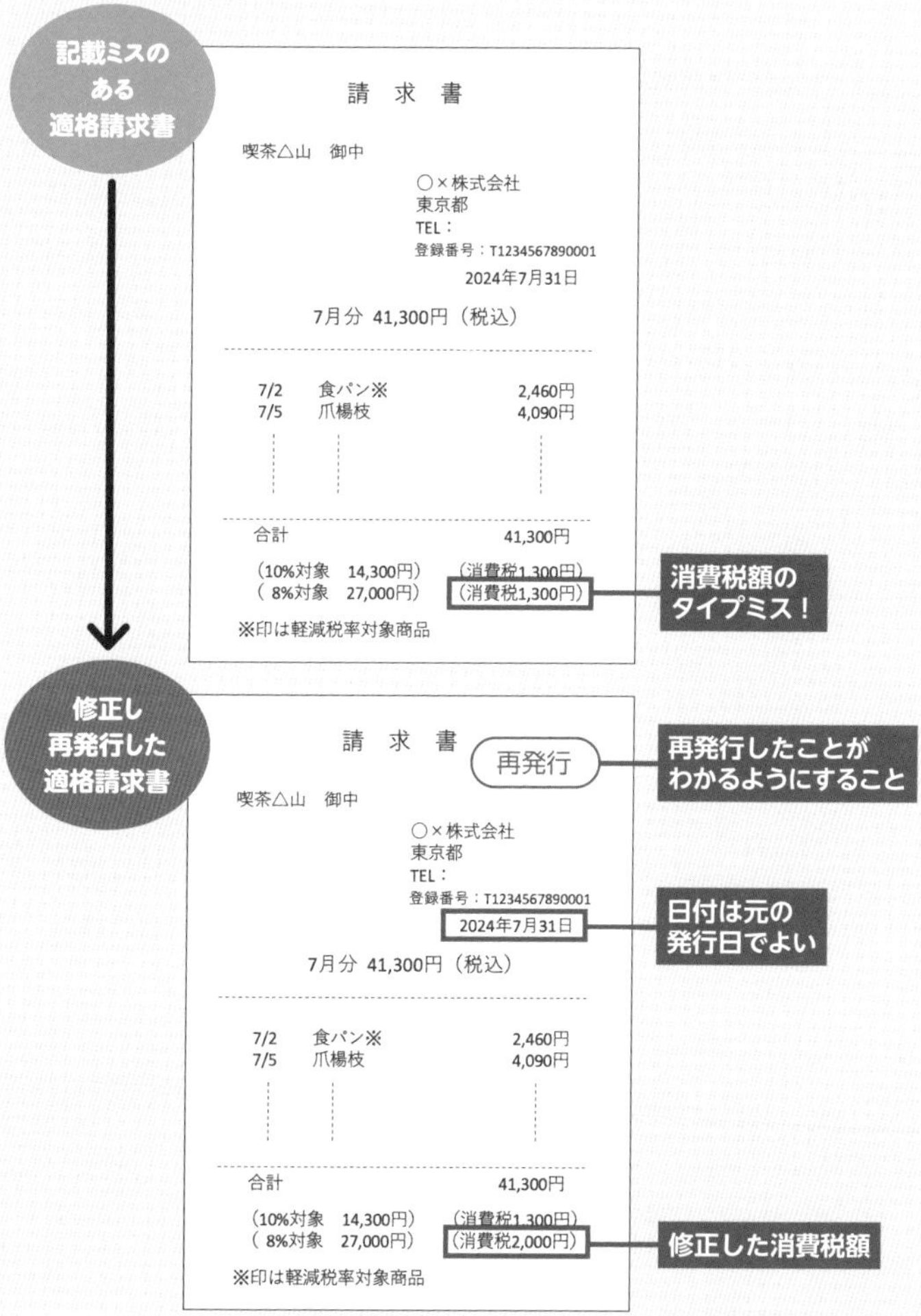

まとめ

ミスした適格請求書を修正できるのは、発行した事業者のみ。受領側が修正するのはルール違反です。

Column

免税事業者は消費税を請求できなくなるの？

インボイス制度の開始後も、課税売上高1000万円以上の事業者における消費税を納めなくてもいいというルールに変更はありません。ですから、インボイス制度開始後も免税事業者でいる場合でも消費税を請求することができます。適格請求書発行事業者になるかどうかを決めるのは事業主の自由と本文でも繰り返しお伝えしていますが、自身がどうすべきかは事業の状況と取引先との関係性を踏まえた上で考えるようにしてください。

ただし、買い手が課税事業者だった場合には、免税事業者からの仕入れ税額控除ができなくなりますから消費税を請求されることにいい顔をしない人もいるかもしれません。

仮に、買い手側からこちらが何も言わないのに一方的に取引価格を下げるように要求されたり、契約済みにも関わらず消費税が請求されることで成果物の受取りを拒否するといった行為がみられた場合は、独占禁止法に違反する恐れがあります。万が一、そのような行為が行われた場合は、独占禁止法ネットワークを利用し、相談してみましょう。

独占禁止法ネットワークは、全国約2,200か所の商工会議所・商工会にあり、事業者の身近な相談窓口となっています。ここでの相談内容は、公正取引委員会へ取り次がれ、適切な対処、的確な対応が図られることになっています。

Chapter 7

インボイス制度の消費税計算と確定申告

姉さんは個人事業主なので毎年確定申告をしています
えっへん
確定申告書
そしてこれからは消費税の確定申告もしないといけません
どゆこと!?
マチ子が今までやってたのは所得税の確定申告ね
免税事業者ではなく課税事業者になった人は
消費税の納税と申告も別途することになるのよ
がーん
はじめて所得税の確定申告をしに税務署へ行ったときのトラウマがよみがえるマチ子……
ものさしを持った職員さんに
無言で取り消し線を引かれ続けた
ぜい
しゅっ
しゅっ
大丈夫！消費税＝間接税だとわかっているなら平気よ

納めるべき金額は1年分の消費税の出入りから計算します
①物を「売る」ときには相手から消費税を預かる
売上消費税額
¥消費税
¥消費税
②逆に「買う」ときには相手に消費税を預かってもらう
仕入れ消費税額
¥消費税
¥消費税
その結果もし手元に消費税が残っているとしたら
それは自分のお金ではなく国に納めるべき「預かったお金」となります
①売上消費税額 − ②仕入れ消費税額
=
納付する消費税額
ほっ
なるほど案外わかりやすい
免税事業者だった頃のマチ子は
このお金を自分の収益にしていたわけね
益税
それは悪いこと……?
免税事業者ならば違法ではありません

申告方法は消費税も所得税と同じで3種類
e-Tax
〒
電子
郵送
持参
これからは1年ごとに納めるべき消費税額を計算して
消費税を申告し、
消費税確定申告書
①
税務署
もちろん所得税もこれまで通りに申告します
所得税確定申告書
②
税務署
毎年2種類を税務署に提出することになるのかぁ
やっぱりめんどくさい……

課税事業者になったら求められることが
たくさん増えたわね
インボイスの保存、
納めるべき消費税額の計算、
税務署
消費税の確定申告
ゴーん
ゴーん
そして失われる益税
手間と時間をかけた結果が減収なんて……
消費税額は正しく管理して納めよう!

インボイス制度後の消費税計算はどうなるの？

消費税の計算方法は、2通りある

確定申告の時期がやってきた時にはその年の消費税額を計算して納付すべき消費税額を明らかにしなくてはなりません。納付する消費税額については、わかりやすくするために「売上消費税額－仕入れ消費税額」と表現してきましたが、実際にこの計算をするには、もう少し細かな計算が必要です。

消費税の納付額の計算は、まず国税分となる消費税額を計算し、その消費税額に地方消費税率をかけて地方消費税額を算出します。次に、国税分の消費税額と地方消費税額を足して計算するのが正しい方法です。

売上消費税と仕入れ消費税を計算する

最初の国税分を計算する上では、売上消費税額と仕入れ消費税額がそれぞれ必要になります。ですからまずは売上の際に係った売上消費税額と、仕入れの際に係った仕入れ消費税額をそれぞれ計算してください。この時の計算方法としては次のような2通りの方法があり、どちらか好きなほうを選択できます。

1つめは、1年間の税込み売上高（仕入れ高）の合計金額から消費税額を逆算していく方法（**割り戻し計算**）。次に、請求書に記載された消費税額を売上と仕入れごとに1つずつ足していく方法（**積み上げ計算**）です。

売上税額は割り戻し、仕入れ税額は積み上げが原則

売上税額と仕入れ税額のそれぞれの計算方法は、原則となる計算方法があります。それは、売上税額は割り戻し計算で行い、仕入れ税額は積み上げ計算で行うというものです。

ただし、タクシーに乗車した時にもらうような簡易インボイスには税額の記載がない場合があるため、その場合は個々に割り戻し計算をしなくてはならないケースもあります。

インボイス制度後の消費税計算は？

国税の消費税の計算

消費税額 ＝ 課税売上げに係る消費税額（売上税額） − 課税仕入れ等に係る消費税額（仕入税額）

売上税額 ＝ ［標準税率の対象となる税込売上額 × $\frac{7.8}{110}$］＋［軽減税率の対象となる税込売上額 × $\frac{6.24}{108}$］

仕入税額 ＝ ［標準税率の対象となる税込仕入額 × $\frac{7.8}{110}$］＋［軽減税率の対象となる税込仕入額 × $\frac{6.24}{108}$］

地方消費税の計算

地方消費税額 ＝ 消費税額 × 地方消費税率（$\frac{22}{78}$）

納付税額の計算

納付税額 ＝ 消費税額 ＋ 地方消費税額

1年間の税込み売上高または税込み仕入れ高 × $\frac{10}{110}$

割り戻し計算

1年間の税込み売上高（仕入れ高）から逆算して消費税額を計算する方法のこと

1取引ごとの消費税額
＋
1取引ごとの消費税額

積み上げ計算

それぞれの売上（仕入れ）ごとの消費税額を1つずつ足して計算する方法

計算方法には組み合わせがある！

売上税額の計算		仕入れ税額の計算
割り戻し計算（原則）	→	割り戻し計算
	↘	積み上げ計算（原則）
積み上げ計算	→	積み上げ計算（原則）
割り戻し計算	→	帳簿上での積み上げ計算
積み上げ計算		

まとめ

消費税計算するときは、最初に国税、次に地方税の順番で計算していきます。

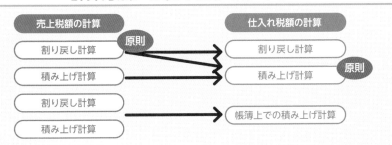

Section

02 売上税額の計算方法を知ろう

売上税額の割り戻し計算

前項で、課税売上高に係る消費税（売上消費税額）の計算方法は、原則として**割り戻し計算**で行うとお伝えしました。

割り戻し計算を行う場合は、課税期間の間のすべての課税売上高の合計金額を税率ごとにそれぞれ計算し、そこにそれぞれの消費税率をかけて計算をしていきます。

売上税額の積み上げ計算

売上税額の計算方法は原則として割り戻し計算が使われますが、インボイス制度においては特例として、適格請求書発行事業者のみ**積み上げ計算**を選択することもできます。

売上税額の積み上げ計算を行う場合は、適格請求書に記載してある消費税額等の合計金額に、標準税率をかけて算出します。

割り戻し計算と積み上げ計算だったら、どちらが得する?

売上税額の割り戻し計算と積み上げ計算のどちらで計算した方がいいかは、ケースバイケースなのでなんともいえませんが、適格請求書に記載している消費税額等の端数が切り捨てになっている場合は、積み上げ計算を行ったほうが、売上税額が少なくなるため節税に繋がります。

ただ、個人事業主やフリーランスの場合は、割り戻し計算と積み上げ計算のどちらで計算しても大した差にはなりません。ですからこの場合は、どちらで計算を行った方がラクかどうかで考えるのもひとつの方法です。会計ソフトなどを使わずに手計算するのであれば、１つ１つの取引を合計していかなければならない積み上げ計算に比べると、割り戻し計算を行ったほうがミスも少なく比較的ラクに計算することができます。

売上税額の計算方法を知ろう

売上税額 ＝ [標準税率の対象となる税込売上額 × $\frac{7.8}{110}$] ＋ [軽減税率の対象となる税込売上額 × $\frac{6.24}{108}$]

積み上げ計算	割り戻し計算
1取引ごとの消費税額 ＋ 1取引ごとの消費税額	1年間の税込み売上高または税込み仕入れ高 × $\frac{10}{110}$
それぞれの売上（仕入れ）ごとの消費税額を1つずつ足して計算する方法	1年間の税込み売上高（仕入れ高）から逆算して消費税額を計算する方法のこと

端数切り捨てなら、積み上げ計算がお得

	税込み550円の商品Aを20個購入した場合（税率は10%）	税込み540円の商品Aを20個購入した場合（税率は10%）
積み上げ計算	先に商品1つあたりの消費税を計算 商品1つあたりの消費税 550円×10/110＝50円 購入した個数分の消費税を計算 商品20個分の消費税 50円×20＝1,000円 積み上げ計算で 消費税は1,000円	先に商品1つあたりの消費税を計算 商品1つあたりの消費税 540円×10/110＝49.09…円 購入した個数分の消費税を計算 商品20個分の消費税 49円×20＝980円（切り捨て発生） 積み上げ計算で 消費税は980円
割り戻し計算	先に支払い額を計算 支払い額の合計 550円×20＝11,000円 支払い額のうちの消費税分を計算 合計額のうちの消費税 11,000×10/110＝ 割り戻し計算で 消費税は1,000円	先に支払い額を計算 支払い額の合計 540円×20＝10,800円 支払い額のうちの消費税分を計算 合計額のうちの消費税 10,800×10/110＝981.81…円（切り捨て発生） 割り戻し計算で 消費税は981円
	端数切り捨てなしなら同じ	端数切り捨てなら積み上げ計算がお得

まとめ

売上税額は、割り戻し計算が原則。適格請求書発行事業者には特例で積み上げ計算もできます。

Section

03 仕入れ税額の計算方法を知ろう

仕入れ税額の計算は原則積み上げ計算で行う

インボイス制度では、仕入れ税額を計算する時は積み上げ計算を使うのが原則になっています。積み上げ計算の考え方は、１５２Ｐでも説明した通りひとつひとつの課税取引ごとに消費税額を計算し、合計額を出していくという方法でした。

ただ、仕入れ税額における積み上げ計算は**請求書等積み上げ計算**と**帳簿積み上げ計算**という2通りがあり、売上税額における積み上げ計算とは少々やり方が異なるので注意してください。

請求書等積み上げ計算とは？

請求書等積み上げ計算というのは、課税期間に取引先などから交付された適格請求書等に記載されている課税仕入れに係る消費税額等の合計金額に78÷100をかけ、国税分の仕入れ税額を計算する方法になります。

この時、計算に使用する課税仕入れに係る消費税額等の合計金額が記載されている適格請求書等とは、取引先または仕入れ先から交付された適格請求書の他にも、交付された適格簡易請求書、自分で作成した仕入れ明細書、帳簿などが該当します。

帳簿積み上げ計算とは？

先ほどの請求書積み上げ計算は、交付された適格請求書などに記載された課税仕入れに係る消費税額をもとに計算していくという方法でしたが、こちらの帳簿積み上げ計算というのは、文字どおり帳簿に記載された課税仕入れに係る消費税額を参考に計算する方法です。

帳簿積み上げ計算では、課税仕入れがある都度、その課税仕入れの税込み価格に10÷110（軽減税率の場合は8÷108）をかけて算出した金額を勘定科目を用いて帳簿に計上している場合、その消費税額を集計し、集計した合計金額に78÷100をかけて計算します。

仕入れ税額の計算方法を知ろう

仕入税額 ＝ ［標準税率の対象となる税込仕入額 × $\frac{78}{100}$］＋［軽減税率の対象となる税込仕入額 × $\frac{6.24}{108}$］

1取引ごとの消費税額
＋
1取引ごとの消費税額

積み上げ計算

それぞれの売上（仕入れ）ごとの消費税額を1つずつ足して計算する方法

請求書等積上計算

請求書等積上計算は、課税期間の仕入れ消費税の合計金額に78/100にかけて計算する。

帳簿積上計算

課税仕入のつど支払対価の額から仮払消費税等を帳簿に計上し、その税額を税率ごとに合計して計算する方法。

請求書等積上計算

仕入税額の合計金額（国税分）＝ 請求書等に記載した消費税額等の合計金額 × $\frac{78}{100}$

帳簿積上計算

仕入税額の合計金額（国税分）＝ 帳簿に計上した消費税額等（国税＋地方税）の合計金額 × $\frac{78}{100}$

仕入れ税額の割戻計算をするとき

税率ごとに合計した金額に6.24/108または78/100をかけて仕入れ税額（国税分）を計算する方法。

※仕入税額を割戻計算できるのは、売上税額も割戻計算している場合のみ

①軽減税率対象の仕入れ税額
軽減税率対象仕入税額（国税分）＝ 軽減税率対象の課税仕入（税込価格）× $\frac{6.24}{108}$

②標準税率対象の仕入れ税額
標準税率対象仕入税額（国税分）＝ 標準税率対象の課税仕入（税込価格）× $\frac{78}{100}$

③仕入れ税額の合計金額
標準税率対象仕入税額（国税分）＝ 軽減税率対象の課税仕入（税込価格）＋

用語解説 勘定科目

簿記上の科目のことで、取引の内容をわかりやすく分類するために使われる

まとめ

仕入税額の計算は、積み上げ計算をします。簡単なのは、帳簿積み上げ計算の方です。

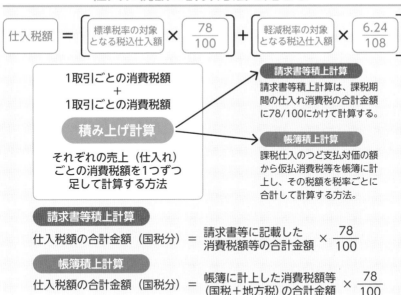

04 仕入税額控除を受けるための準備

仕入税額が大きくなるほど納付額が少なくなる

課税事業者になった以上は消費税の納付義務から逃れることはできませんが、その納付額を少しでも減らしていくことはできます。その方法が、**仕入税額控除**です。

本書では仕入税額控除を受けるために適格請求書が必要だと再三お伝えしてきました。ですから、仕入税額控除がどういうものかをあえて説明する必要はないと思いますが、仕入税額控除の額が大きくなれば大きくなるほど、消費税の納付税額を減らすことができます。そのため、仕入れの際に取引先または仕入れ先からきちんと適格請求書等の交付を受け、それらの保存や帳簿の保存を怠らないようにしておいてください。仕入れの際に適格請求書等が交付されないと、その分の消費税は控除の対象外になってしまいます。Ｐ１５８でお伝えした通り、経過措置の期間は適格請求書等がなくても控除が可能ですが、仕入税額控除の割合は段階的に下がります。きちんと仕入税額控除を受けるためにも、なるべく適格請求書を交付してもらえるようにしましょう。

仕入税額控除を受けるために必要なもの

仕入税額控除を受けるために必要な要件や仕入税額控除を受けるための流れについて確認しておきます。

仕入税額控除受けられる事業者

・適格請求書を発行事業者、登録を済ませた課税事業者

仕入税額控除を受けるための流れ

①交付された適格請求書の記載内容が正しいかを確認する
②適格請求書等を保存する
③帳簿に記載して保存する（帳簿の記載事項は左ページを参照）

②では、適格請求書等を保存するとあります。仕入税額控除の対象になる書類は適格請求書が原則ですが、適格簡易請求書や仕入れ明細書、仕入れ計算書なども控除の対象とすることができます。

仕入税額控除を受けるための準備

仕入税額控除の気なくが大きくなればなるほど、消費税の納付額は少なくなります。したがって、仕入税額控除の適用要件となる適格請求書等や帳簿の保存はしっかり行っておくようにしてください。

仕入税額控除を受けるための流れ

① 交付された適格請求書の記載内容を確認する

↓

②適格請求書等を保存する

仕入れ控除の対象になる書類

- 適格請求書
- 適格簡易請求書
- 適格請求書に必要な記載事項を満たした仕入れ明細書
- 適格請求書に必要な記載事項を満たし
- 相手の確認を得た仕入れ計算書
  （自分で作成したもの）

↓

③帳簿に記載して保存する

帳簿の記載事項

- 課税仕入れの適格請求書を発行した人の氏名または名称
- 課税仕入れを行なった年月日
- 課税仕入れの内容（軽減税率対象の場合はその旨も記載）
- 課税仕入れに対し支払った額

↓

まとめ

仕入税額控除の金額が増えれば増えるほど、消費税の納付額を減らせます。

Section

05 インボイス制度後の確定申告の方法

消費税の確定申告は毎年1月1日～3月31に行う

3章では、免税事業者がインボイス制度を機に課税事業者になった場合に、最初にやってくる消費税の確定申告のタイミングは2024年1月1日～3月31日までとお伝えしました。

繰り返しになりますが、課税事業者になればそれまで行っていた所得税の確定申告に加え、消費税及び地方消費税の確定申告が必要になります。確定申告は、毎年1月1日～3月31日の間に行われますが、消費税の計算対象となる課税対象期間は、その前の年になるので注意してください。

確定申告の流れ

消費税及び地方消費税の確定申告は、この後説明するように4ステップで行ってください。まずは、課税対象期間に行われたすべての課税取引を整理します。この時、消費税の計算に必要なのは課税取引だけですから、非課税取引や不課税取引がある場合はそれらの取引を除いて考えてください。

次に行うのは、売上税額と仕入れ税額をそれぞれ計算し、納付すべき国税分の消費税額の計算です。この時、簡易課税を選択している場合はみなし仕入率を用いて仕入れ税額を計算してください。国税分の消費税額が計算できたら、地方消費税税額を計算し、最後に国税分の消費税がくと地方消費税額を合計し、申告書に記入します。

ちなみに、確定申告における消費税額の計算をするときは、売上別・仕入れ別、消費税の税率別、税区分別に金額を集計した計算書（会計ソフトを利用の場合はメニュー内に集計機能があることが多い）と、中間納付があった場合は納付書が必要になりますのであらかじめ準備しておきましょう。

確定申告のための準備をしよう

最初の消費税確定申告は、2024年！

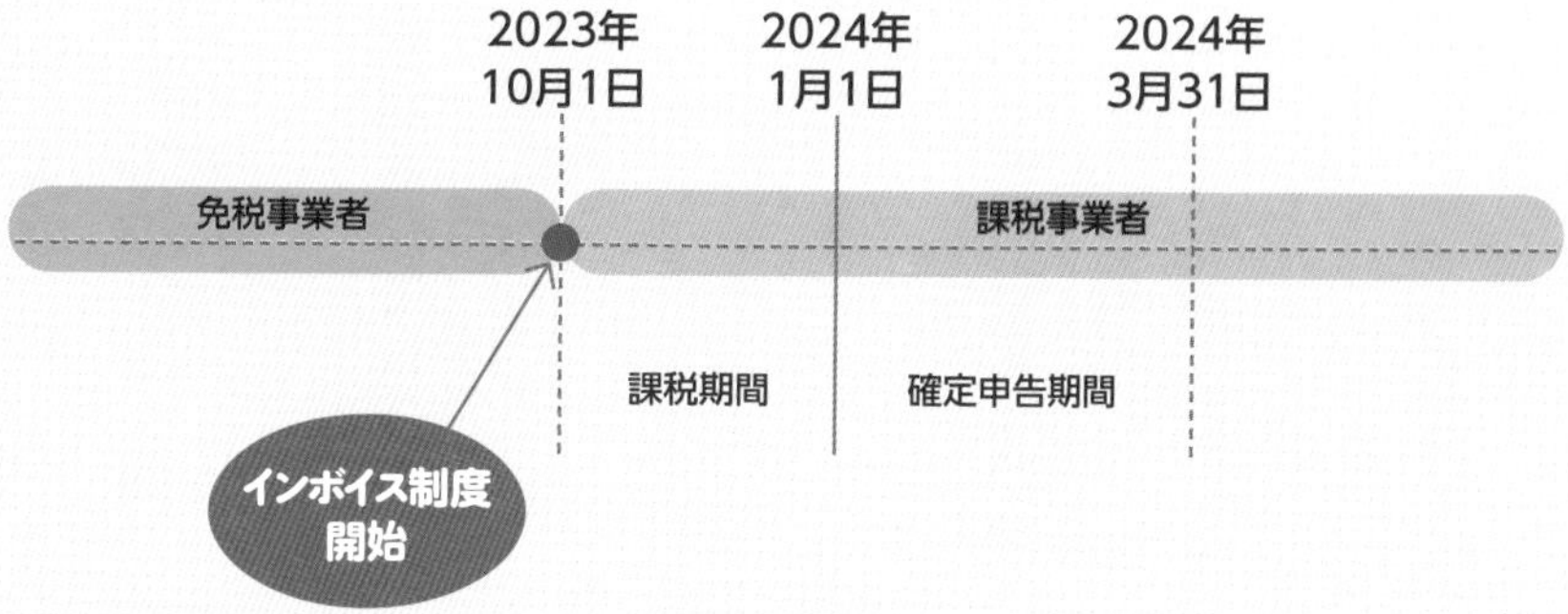

確定申告の大まかな流れ

① 課税対象期間内に行なったすべての課税取引を整理する

↓

②売上税額から仕入れ税額を差し引き、国税分の消費税を出す

↓

③地方消費税を計算する

↓

④国税分と地方消費税分を合計して、申告書に記入する

まとめ

毎年1月1日～3月31日の期間に、所得税の確定申告の他に消費税の確定申告を行います。

Section

06 確定申告に必要な書類と注意事項は？

一般課税と簡易課税で対応が違うので注意

納付すべき消費税の計算ができたら、いよいよ確定申告のための書類を作成していくことになります。消費税及び地方消費税の確定申告では、消費税の計算方法が一般課税の場合と簡易課税制度の場合で提出する書類や書き方が異なりますので、選択したほうに従って申告書を作成してください。

消費税の確定申告に必要な書類

消費税及び地方消費税の確定申告では、**一般課税の場合で4種類**の書類が、**簡易課税制度の場合で3種類**の書類が必要になります。どのような書類が必要になるのかは、左のページを参考にしてください。

所得税の確定申告書類は、毎年所轄の税務署から送られてきているものを使用するという人もいると思いますが、消費税の確定申告書も毎年申告している事業者であれば送られてきますので、送られてきた書類を使って申告書を作成しても構いません。

書類が送られてくるのを待っていなくても、税務署に行って入手したり、国税庁のサイトからダウンロードしたりもできます。ただし、ダウンロードする場合には最新版かどうかを必ずチェックしてください。税法の改正などで書類の内容等に変更がある場合があるからです。

書類の提出方法は？

申告書を作成したら、税務署へ持参するか郵送もしくはオンラインで提出します。

オンラインでの提出方法は、国税庁サイト「確定申告等作成コーナー」にアクセスすると、申告書類を作成することができます。入力が完了したら、e-TAXで電子申請しましょう。電子申請を行う場合は、適格請求書発行事業者登録を電子申請を行った時と同様、マイナンバーカードとICカードリーダライタが必要になります。

確定申告に必要な書類と注意事項

消費税及び地方消費税の確定申告は、選択した消費税の計算方法によって提出すべき書類や書き方が異なります。一般課税または簡易課税制度のどちらか自分が選んだ方に必要な書類を用意してください。

一般課税

消費税及び地方消費税の確定申告書第1表（一般用）及び第2表

付票1-3　税率別消費税額計算表兼地方消費税の課税標準となる消費税額計算表（一般用）

付票2-3　課税売上割合・控除対象仕入れ税額等の計算表（一般用）

消費税の還付申告に関する明細書（還付申告がある場合）※個人事業者用

確定申告
消費税及び地方消費税の確定申告書第1表

確定申告
消費税及び地方消費税の確定申告書第2表

簡易課税制度

消費税及び地方消費税の確定申告書第1表（簡易課税用）及び第2表

付票4-3　税率別消費税額計算表兼地方消費税の課税標準となる消費税額計算表（簡易課税用）

付票5-3　控除対象仕入れ税額等の計算表（一般用）

確定申告

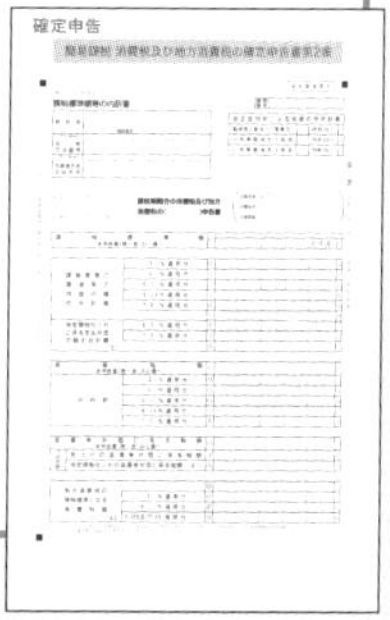
確定申告

まとめ

一般課税と簡易課税では作成に必要な書類が異なります。同じ書類でないことに注意！

Column

これからの会計ソフトの選び方は？

インボイス制度が開始されると、課税事業者の事務負担は従来よりも大きくなることが予想されます。会計士や税理士に依頼している事業者はあまり負担を感じないかもしれませんが、自分ですべての事務処理を行っている事業者は、会計ソフトの導入検討をおすすめします。会計ソフトの多くは、インボイス制度に対応しているのでその点は安心ですが、いくつも種類があり選ぶのに迷ってしまいます。

会計ソフトには、大きく2種類ありクラウド型とデスクトップアプリ型があります。クラウド型はソフトをパソコンにインストールする必要がなく、インターネット環境さえあればどこでも利用することができます。バージョンアップや更新が自動で行われるので、更新のたびに更新作業をする手間が省けます。一方デスクトップアプリ型の場合は、使っているパソコンにソフトをインストールするタイプです。インターネットに接続していなくても使えるので、パソコンさえあれば使えますが、ソフトを入れたパソコンでしか操作ができないことが難点です。また、インストールしたパソコンが万一故障した場合に備え、バックアップも必要です。

端末を変えても、どこからでもアクセスできるようにするならクラウド型の会計ソフトがおすすめです。

Chapter 8

電子インボイスの発行と保存のルール

インボイス制度の理解がずいぶん進んだマチ子
出遅れたー
自分でもびっくりするぐらいに成長したよね私！
相手のために！
キリッ！
ぼちぼち褒められたい……
それでは最後に
インボイスを電子データで保存する際の注意点である「タイムスタンプ」についてです
……ひたすらめんどくさいなインボイス
例えば発行した側と受け取った側で保存しているインボイスに食い違いがあり
内容が合致しないとします
不一致
請求書
¥33,000
支払った
請求書
¥30,000
受け取った
なぜ？
どちらかが改ざんしたんじゃない？

こういった時にデータの真実性を確保する方法のひとつが「タイムスタンプ」です
これはそのデータがいつの時刻に存在していたのかを証明するものです
スタンプは基本的に第三者のシステムを通して付与されます
売り手
要求
第三者がスタンプ付与
発行
インボイス
逆に言うとタイムスタンプがない電子データは真実性に乏しいため
その書類だけで取引の証明をするのは難しくなります
大事じゃん
なので
事業者はインボイス制度がスタートする前に
タイムスタンプを付与できる体制を用意しておく必要があります
これが注意点です
クラウド上での管理サービスなど
ひ……
ひ……

ひたすら
めんどくさいな
インボイス制度!!
最後に叫んですっきりしたよ!
知っておくべきことはこのくらい?
そうですね
がんばったわねマチ子
褒められた!
えへへー
念のため言っておくけど……免税事業者の方が良いと思うならいつでも戻ればいいのよ
届出はいるけど

いいよ別に
自分でも年貢のオサメどき感が出てきてるし
どんと来い
ちっとも肩を貸してあげられなくてごめんね私サメだから
いいってば(笑)
肩
では登録完了の連絡を各社忘れずにね姉さん
ありがとねススム
よっしゃ
仕事でもするかー
真実性のあるインボイスで取引をしよう！

Section

01 電子インボイスの発行と保存方法を理解しよう

電子データでインボイスを発行するとき

適格請求書は、電子データで発行しても構いません。現在手書きで請求書を発行しているという人もいるかもしれませんが、多くの場合、ワードやエクセルなどで作成した請求書を発行しているかと思います。請求書を作成後に取引先に送付する際は、パソコンで作成した請求書をプリントアウトして発行する場合と、そのまま電子インボイスとしてメールなどに添付して発行する場合とありますが、どちらの場合もＯＫです。

ちなみに電子インボイスとは、**適格請求書を電子化したデータのこと**を指しています。

先ほど、電子インボイスをメールに添付して提供すると書きましたが、それ以外にも電子インボイスの提供方法としては、インターネット上のサイトを通じて提供する方法やＥＤＩ取引での提供、光ディスクや磁気テープなどの記録用媒体での提供などが考えられます。ただ、この中で最も簡単なのはメールに添付して提供する方法です。

電子インボイスの保存方法

電子インボイスを発行したら、保存も欠かさずに行ってください。Ｐ１３８でも触れたように、適格請求書は発行側も受け取る側も双方が保存しておかなければなりません。電子データで受け取った（または発行した）適格請求書はプリントアウトして紙で保存しておいてもいいですが、電子データとして保存しておく方法の２通りがあります。

紙で保存するのはいいですが、インボイス制度導入後は保存しておかなければならない書類がこれまで以上に増えてしまいますので、なるべく電子データでの保存をおすすめします。電子帳簿保存法の決まりに従わなくてはならないので注意してください。

適格請求書は電子データで発行＆保存OK

電子インボイスを発行するとき

紙で発行するのも、電子データで発行するのもOK！
どちらでも好きな方で構いません。

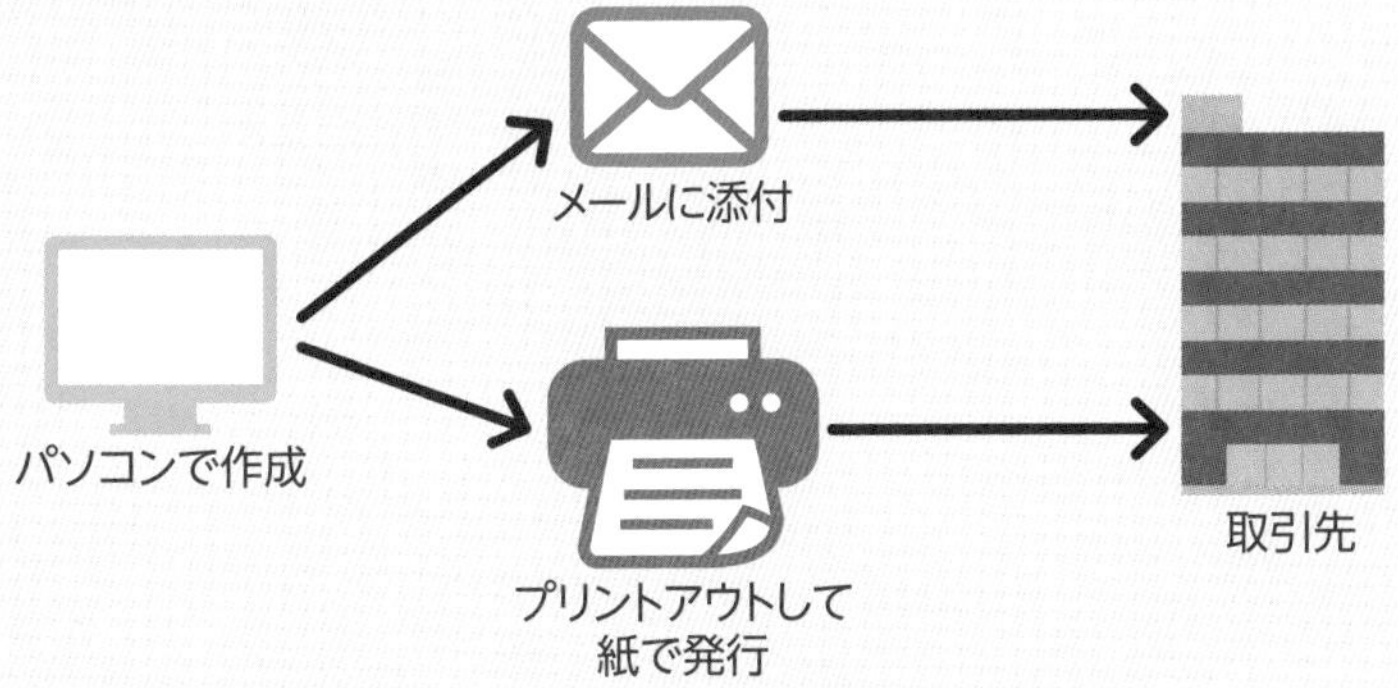

※電子インボイスとは、電子データで発行された適格請求書のことを指します。

電子インボイスを受け取る（保存）するとき

紙にプリントアウトしたものを保存しても、電子データのまま保存してもOK！

ただし、今後のことを考えると電子データは電子データのまま保存するのがおすすめです。

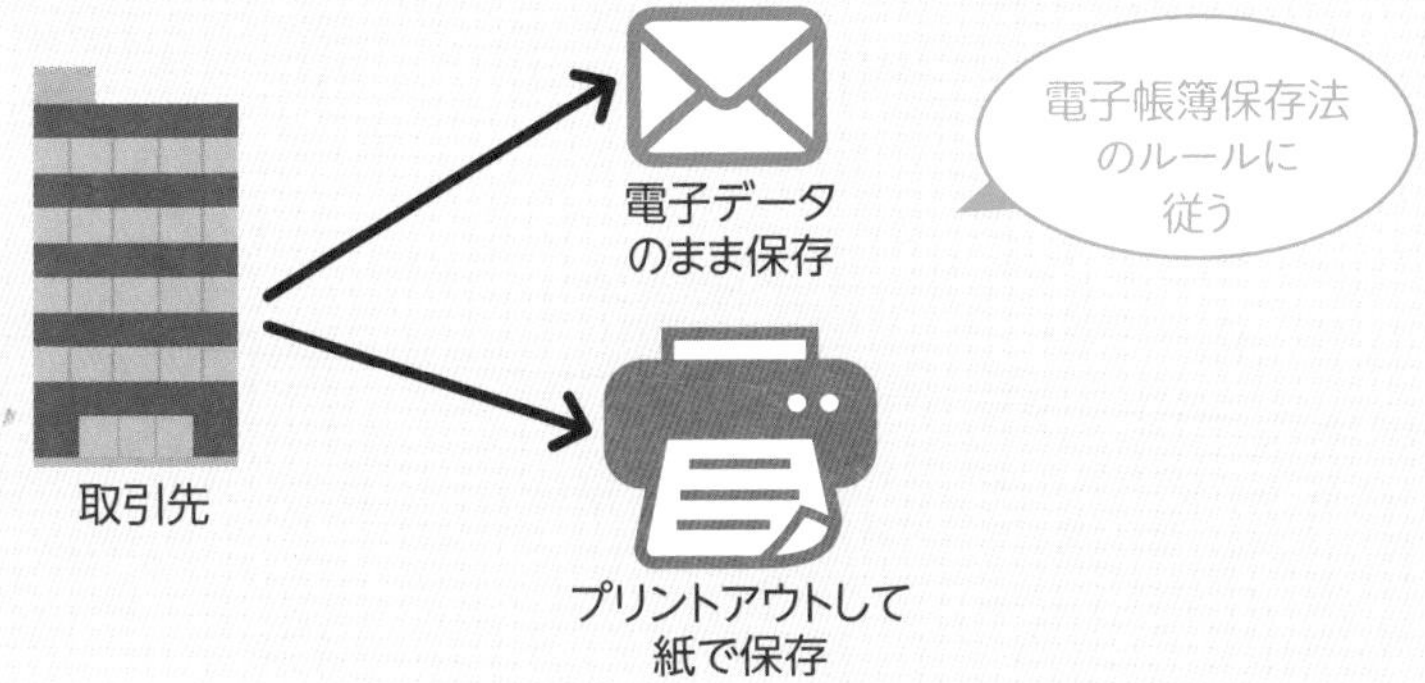

まとめ

制度導入により書類が増えることを想定し、電子対応できるようにしていきましょう。

Section 02

電子帳簿保存法を理解しよう

電子帳簿保存法ってそもそも何？

前項で出てきた「電子帳簿保存法」は、電子データで作られた請求書や納品書等は、電子データのまま保存しておかなければならないという制度です。

例えば、これまでは電子データで取引先から送られてきた請求書や契約書をプリントアウトし、ファイルに保管していたという事業者は多いと思います。しかし本来であれば、データはデータのまま保管しておけるはずですから、わざわざ紙でプリントアウトするのは非効率です。そこで、電子データをそのまま保存しておくためのルールとしてできたのが、電子帳簿保存法（電帳法ともいいます）です。

間違えやすいので注意して欲しいのですが、あくまで電子帳簿保存法は、電子データで送受信されるものに対して適用されます。紙で発行されたものを紙で保存する場合には、対象になりません。

電子帳簿保存法の義務化は消費税法は無関係

2024年1月からは、電子帳簿保存法の義務化が始まり、電子データで保存しなければならなくなります。

もともと青色申告を行う際には、申告を行う際に計算の元となる帳簿や関連する書類を保存が義務付けられていました。しっかりとルールに基づいて申告する代わりに税制上の控除がが受けられる決まりがあるからです。

電子帳簿保存法が始まると、特に法人税計算や所得税計算における経費の証明を行う場合、電子データで保存すべきデータを紙で保存した場合は、それらの書類を認めてもらえません。ただし、本書で扱っている消費税法上の仕入税額控除の場合は、電子データで送受信したデータを紙で保存しても問題ないことになっています。

少々ややこしいのですが、消費税法上は関係ないからと言わず、電子データは電子帳簿保存法に則って保存すると決めておいた方がシンプルだと思います。

電子帳簿保存法ってなに？

電子帳簿保存法は、電子データで保存すべきものは電子データのまま保存するための法律。

請求書・領収書・契約書・見積書・納品書・注文書などに関する電子データを送信・受領した場合は、電子データを一定の要件を満たした形で保存しなくてはならない。

※電子データの保存が義務化されるのは、電子取引が行われた場合のみ。

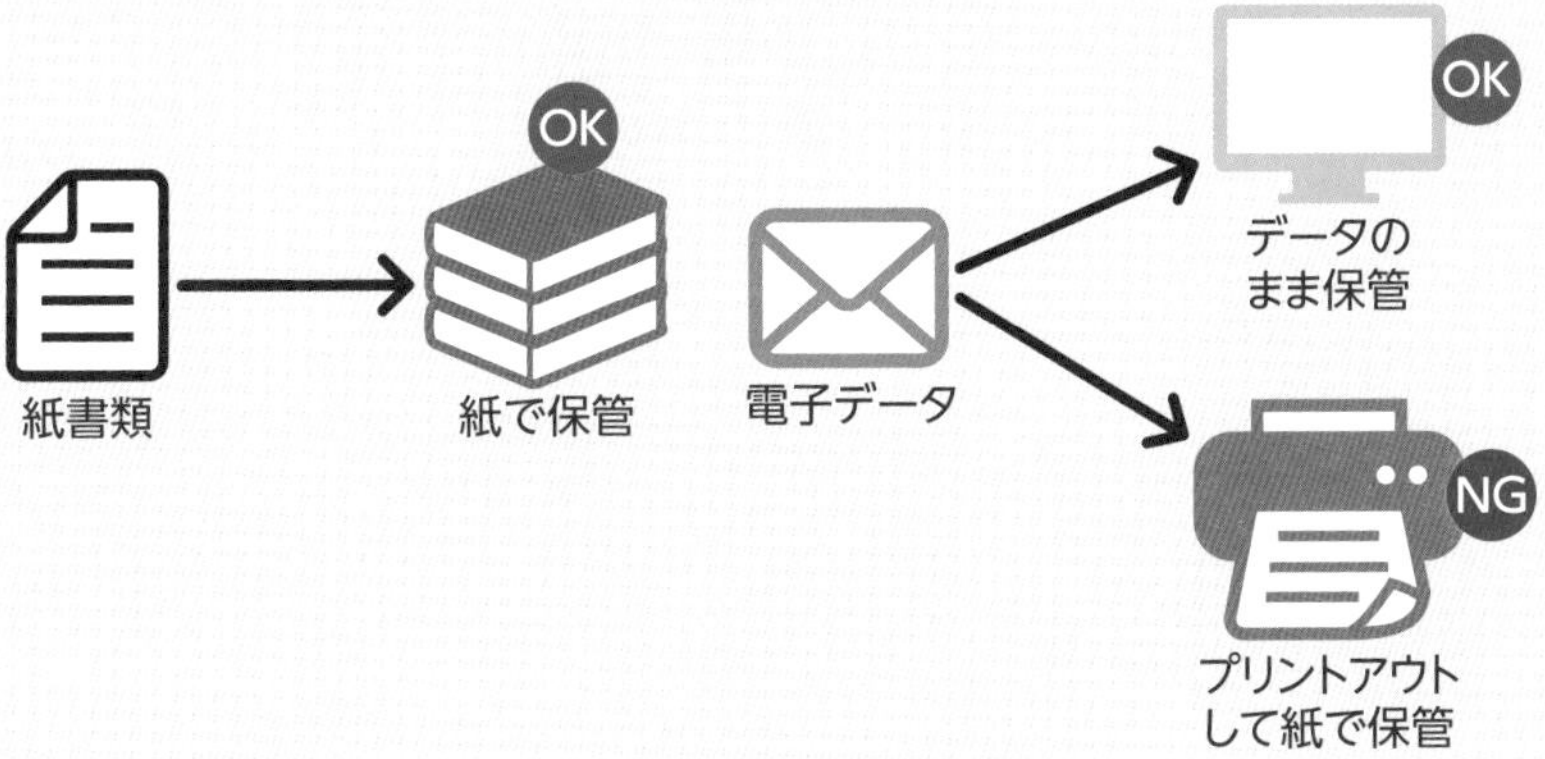

インボイス制度と電子帳簿保存法のタイムライン

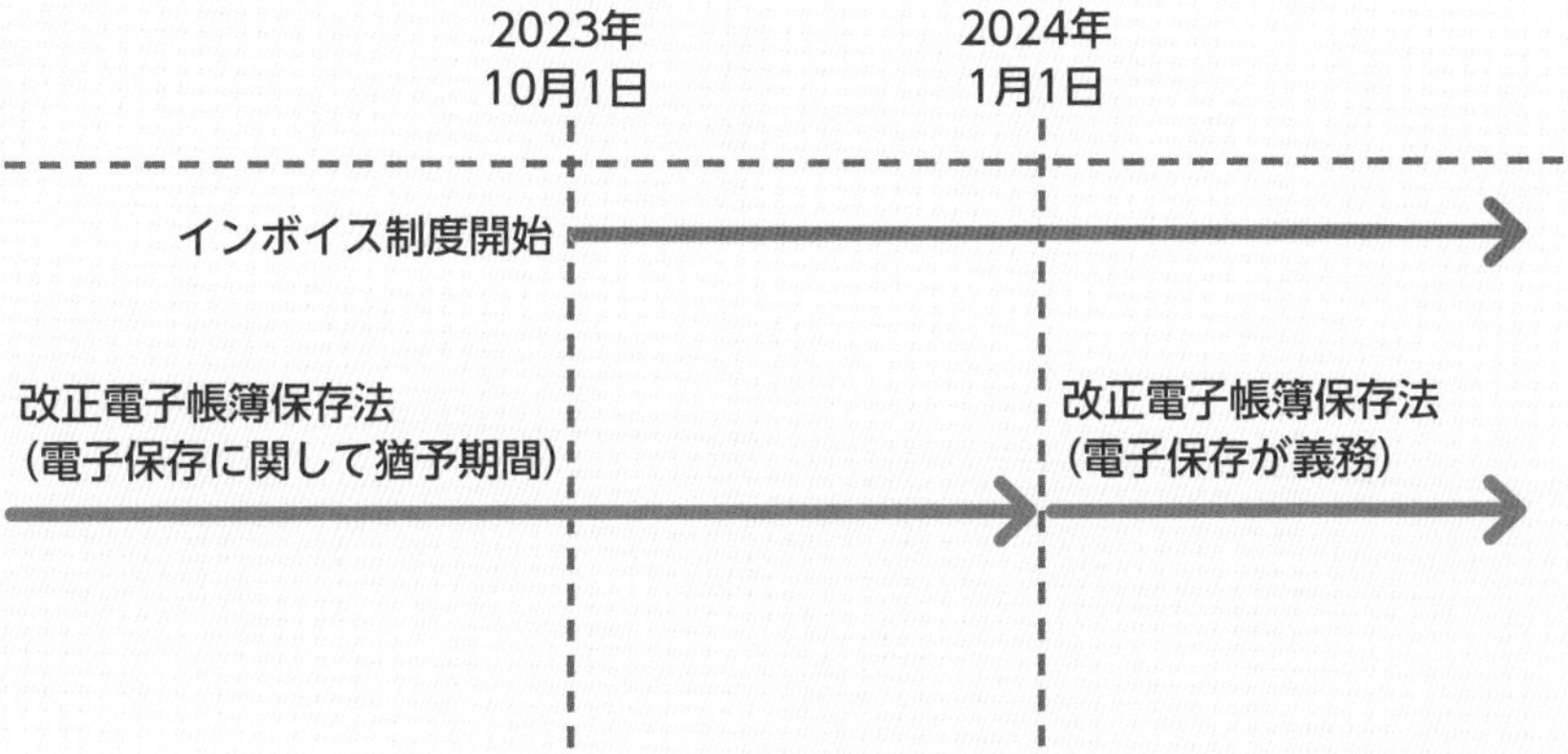

まとめ

電子データで書類を管理する場合は、電子帳簿保存法のルールに則りましょう。

Section

03 電子取引のルールを知っておく

電子帳簿保存法の対象となるデータ

電子帳簿保存法の対象となるデータは大きく3つあります。1つは「**自分でPCなどで作成した書類**」、2つめは「**取引先と電子データで送受信した書類**」、3つめは「**スキャナで保存された書類**」です。この3つのうち、インボイスの発行や受け取りに最も関連性のあるものが、2つ目の「取引先と電子データで送受信した書類」の保存（電子取引データ保存という）です。

ここで対象になる書類は、メールやクラウドサービス上などで、電子データで送受信されるすべての書類です。

電子取引のデータは適当に保存してはダメ

取引先から電子データで適格請求書を受け取った場合、適当なファイルに保存したり、そのままにしておいたりしてはいけません。受け取った適格請求書を電子帳簿保存法に則って保存する場合は、次の要件を満たさなければなりません。

その要件とは、「真実性の確保」と「可視性の確保」の2つです。

この2つの要件を満たすために、それぞれ次のようなことを行います。

真実性の確保のために行うこと

・電子データにタイムスタンプを付与する
・電子データに訂正・削除ができないシステムかその記録がすべて残るシステムで保管する
・電子データの訂正や削除の防止に関する事務処理規定を定め、運用する

可視性の確保

・電子データを画面や書面にすぐに出力できるようにしておく
・電子データに関する検索機能を確保すること
・システム概要書を備え付けること（P176）

電子取引のルールを理解しておこう

電子帳簿保存法の対象となる書類の一覧

国税関係帳簿	国税関係書類		電子取引
	決算関係書類	取引関係書類	
仕訳帳 総勘定元帳 その他の帳簿	貸借対照表 損益計算書 棚卸表 その他の 決算書類	契約書 見積書 注文書 納品書 請求書 領収書 その他の 取引書類	取引関係書類 に同じ

自分で作成 → 電子データで保存（任意）

相手から受領
- 紙の場合 → スキャナ保存
- 電子データの場合 → 電子データで保存

義務化！

電子帳簿保存法における保存の際の要件

真実性の確保

※いずれか１つ可視性の確保

- 電子データにタイムスタンプを付与
- 電子データに訂正・削除ができないシステムかその記録が全て残るシステムで保管する
- 電子データの訂正や削除の防止に関する事務処理規定を定め、運用する

可視性の確保

- 電子データを画面や書面にすぐに出力できるようにしておく
- 電子データに関する検索機能を確保すること
- システム概要書（電子計算機処理システムの概要を記載した書類）を備え付けること

まとめ

書類の管理やルールを考えるのが面倒な場合は、会計ソフトを活用するのも方法の一つです。

Section

04 電子取引データにおける「タイムスタンプ」とは？

タイムスタンプとは？

急に「タイムスタンプ」という聞きなれない言葉が出てきて、戸惑っている人もいるのではないでしょうか。タイムスタンプとは、電子データに対して正確な時刻を刻むシステムのことです。

スタンプといえば、紙に押す一般的な印鑑やスタンプをイメージしてしまいますが、そうではなく、データが特定の時刻に存在していたことや改ざんがされていないことを証明するためのものです。前項では、電子取引データの真実性の確保のために、タイムスタンプを付与すると書きました。真実性の確保のためには、タイムスタンプ以外の方法で行ってもいいので、必ずしもタイムスタンプを使わなければいけないわけではありません。

タイムスタンプは、有料の会計ソフトなどを使って付与することが多いため、個人事業主などは使用しないこともあるかと思います。

タイムスタンプの時刻は改ざんされない仕組みになっている

タイムスタンプは時刻情報を証明するものですが、ファイルの保存や更新の際に時刻情報が表示されたり、スキャナー保存するとその時刻が記録されたりします。それらの時刻情報とタイムスタンプの時刻情報とは何が違うのでしょうか。

電子データ取引においては、誰からも改ざんされていないことを証明する必要があります。したがって、単なる時刻のデータでは改ざんできてしまうため意味がないのです。タイムスタンプが付与できるのは、一般社団法人日本データ通信教会から時刻認証業務を行う事業者として認定を受けた機関のみと決まっています。

ですからもし、タイムスタンプの付与を検討する場合は、時刻配信業務認定事業者（ＴＡＡ）マークがついてい会計ソフトなどを使用することでタイムスタンプが付与できるようになります。

タイムスタンプってどんなもの？

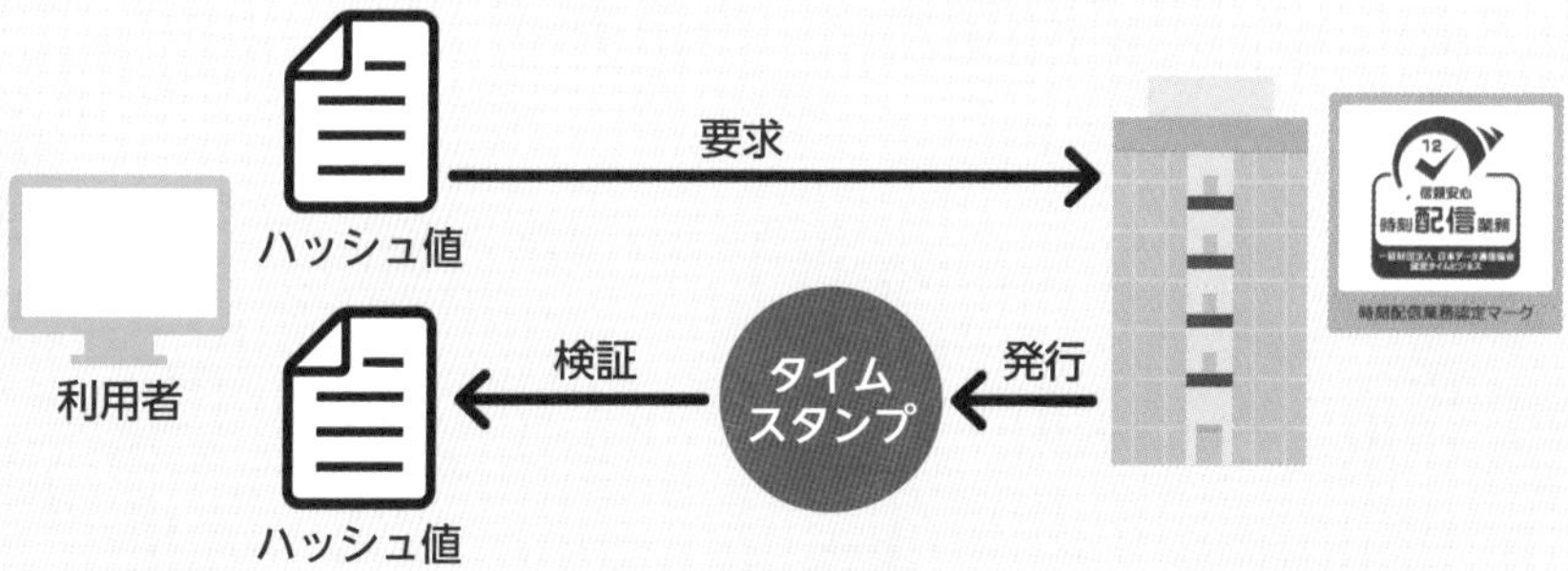

タイムスタンプ以外の「真実性の確保」のための方法

- 電子データに訂正・削除ができないシステムかその記録がすべて残るシステムで保管する

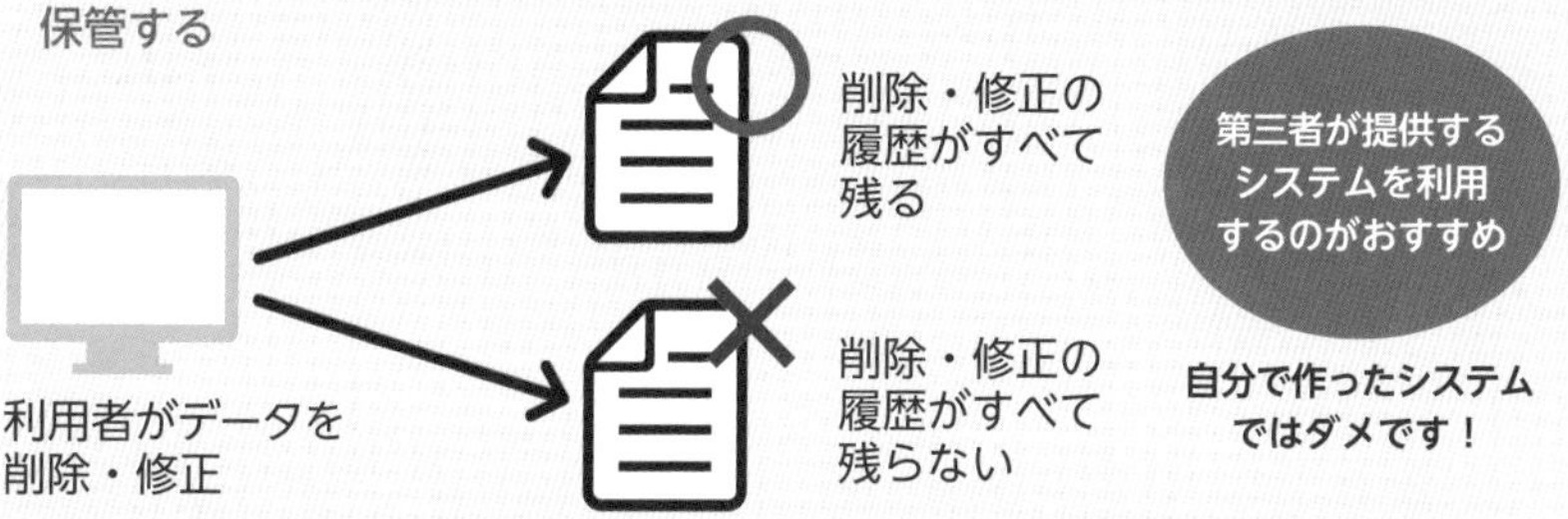

- 電子データの訂正や削除の防止に関する事務処理規定を定め、運用する
  国税庁HPにある「電子取引データの訂正及び削除の防止に関する事務処理規程」をダウンロードして加工すればOK。

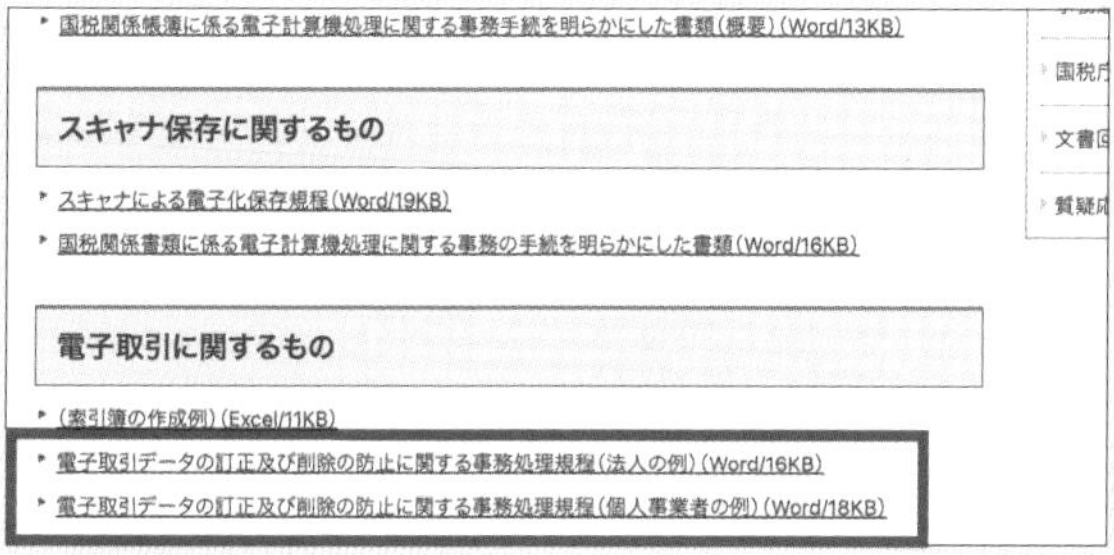

- 国税関係帳簿に係る電子計算機処理に関する事務手続を明らかにした書類（概要）（Word/13KB）

スキャナ保存に関するもの

- スキャナによる電子化保存規程（Word/19KB）
- 国税関係書類に係る電子計算機処理に関する事務の手続を明らかにした書類（Word/16KB）

電子取引に関するもの

- （索引簿の作成例）（Excel/11KB）
- 電子取引データの訂正及び削除の防止に関する事務処理規程（法人の例）（Word/16KB）
- 電子取引データの訂正及び削除の防止に関する事務処理規程（個人事業者の例）（Word/18KB）

国税庁
文書回
質疑応

お金をかけず簡単に対応するならこの方法がおすすめ！

個人事業主用と法人用があります！

https://www.nta.go.jp/law/joho-zeikaishaku/sonota/jirei/0021006-031.htm

まとめ

会計ソフトは、時刻配信業務認定事業者（TAA）マークがついているものを選びましょう。

Section

05 電子取引データにおける「可視性の確保」とは？

電子データが検索できるようにしておこう

前項では、電子取引のルールとして必要要件となる「真実性の確保」の方法についてお伝えしました。ここでは**「可視性の確保」**について説明します。

可視性の確保というのはＰ１７４で触れたように「画面や書面に速やかに出力できるようにする」「検索機能を確保する」「システムの概要書を備えつける」のすべてを満たす必要があります。いずれか１つを満たせばよい真実性の確保とは違うので注意してください。

可視性の確保のために必要な３つのうち、システム概要書を備えつけるというのは、自社で開発したシステムで電子データを保存する場合のことですから、本書の読者にはおそらく関係ありません。

また、画面や書面を速やかに出力できるようにするというのも、パソコン等で確認でき、かつプリントアウトできる状態にしておけばいいだけですから、こちらもそれほど気にしなくていいです。意識した方がよいことがあるとすれば、最後の検索機能を確保するというところです。

規則的なファイル名にするのが簡単

電子データを保存するときは、次のことを満たすようにしてください。

①取引年月日、取引金額、取引先を検索条件として設定できること
②日付または金額を、範囲を指定して検索できること
③①と②を組み合わせて検索できること

市販の会計ソフトやサービスを利用している人であれば、あらかじめこのような検索機能がある場合がほとんどですから気にする必要はありません。しかし自分のパソコンに保存していたり、クラウドサーバーに保存したりしている場合は、先ほどのように検索できるよう自分で設定しておく必要があります。

「可視性の確保」はどうすればいい？

可視性の確保

- 電子データを画面や書面にすぐに出力できるようにしておく
  パソコンで確認でき、プリンターに繋がる状態にしておけばOK
- 電子データに関する検索機能を確保すること
  データを「取引先」や「取引日」などで検索できるようにしておく
- システム概要書を備え付けること
  自社システムを開発し、それを使用する場合のみ

電子データの検索性はここを満たせばOK

- 「取引年月日」「取引金額」「取引先」で検索できる
  例）株式会社〇〇との書類だけを検索
- 日付または金額について、範囲を指定して検索できる
  例）2020年1月～2022年1月までのデータだけを検索
- 上記の2つの組み合わせで検索できる
  例）株式会社〇〇の2020年1月～2022年1月
  までの書類をの検索

「取引年月日_金額_取引先名」などのファイル名で保存！

まとめ

データを検索しやすくするために、規則的なファイル名にしておくのが一番シンプルです。

索引

な・は行

ま行

や・わ行

著者
沢田 慎次郎（さわだ しんじろう）
公認会計士・税理士
1985年生まれ。「税務」「財務」「コーチング」を得意とする公認会計士・税理士。会計事務所で中小企業の税務支援に7年従事した後に2018年独立。
モットーは「経営者のお金と時間が増えるお手伝い」をすること。経営者に対して、経営の資金繰りの理解や気づきを与えるサービス提供をした結果、顧問先の50%を医療・福祉系が占める。ブログにおいては運動・健康・お金・税金・考え方等様々なテーマを扱い情報発信している。
・ブログ https://sawadax-cpa.com/
・HP https://sawadax-cpa.com/homepage/

マンガ●保田正和
執筆協力●西田かおり
DTPデザイン●宮下晴樹（ケイズプロダクション）
編集協力●山田稔（ケイズプロダクション）
編集担当●山路和彦（ナツメ出版企画株式会社）

ナツメ社Webサイト
https://www.natsume.co.jp
書籍の最新情報（正誤情報を含む）はナツメ社Webサイトをご覧ください。

本書に関するお問い合わせは、書名・発行日・該当ページを明記の上、下記のいずれかの方法にてお送りください。電話でのお問い合わせはお受けしておりません。
・ナツメ社webサイトの問い合わせフォーム
https://www.natsume.co.jp/contact
・FAX（03-3291-1305）
・郵送（下記、ナツメ出版企画株式会社宛て）
なお、回答までに日にちをいただく場合があります。正誤のお問い合わせ以外の書籍内容に関する解説・個別の相談は行っておりません。あらかじめご了承ください。

知《し》りたいことがわかる！ **消《しょう》費《ひ》税《ぜい》インボイスの教《きょう》科《か》書《しょ》**

2023年9月1日　初版発行

著　者　沢《さわ》田《だ》 慎《しん》次《じ》郎《ろう》

発行者　田村正隆
発行所　株式会社ナツメ社
東京都千代田区神田神保町1-52 ナツメ社ビル1F（〒101-0051）
電話　03(3291)1257（代表）　FAX　03(3291)5761
振替　00130-1-58661
制　作　ナツメ出版企画株式会社
東京都千代田区神田神保町1-52 ナツメ社ビル3F（〒101-0051）
電話　03(3295)3921（代表）
印刷所　ラン印刷社

ISBN978-4-8163-7428-9